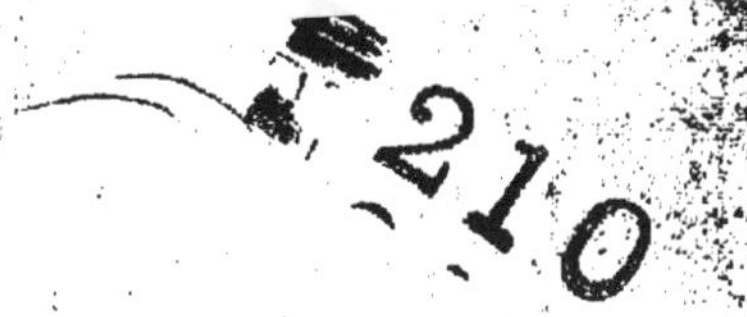

HISTOIRE
DE LA CONSTITUTION
DU 25 FÉVRIER 1875

LOUIS BLANC

HISTOIRE

DE

LA CONSTITUTION

DU 25 FÉVRIER 1875

PARIS – G. CHARPENTIER

1882

HISTOIRE DE LA CONSTITUTION

DU 25 FÉVRIER 1875

I

C'est une bien étrange histoire que celle de la Constitution du 25 février 1875.

Voici, en effet, les questions que tout d'abord elle donne à résoudre :

Comment se fait-il que les démocrates, partisans convaincus de la souveraineté du peuple, aient rendu possible à l'Assemblée siégeant à Versailles l'exercice du pouvoir constituant, après avoir mainte et mainte fois, de la manière la plus formelle, affirmé que ce pouvoir ne lui appartenait pas ?

Comment se fait-il que des républicains doué du sens pratique aient jugé conforme à la nature des choses l'établissement d'un gouvernement républicain par une chambre monarchisque ?

Par quel singulier renversement des rôles le fondateur de la République ou de ce qu'on nomme ainsi — M. Wallon — a-t-il été le même qui, à quelques jours de là, votait la main-mise du clergé sur l'esprit des générations à venir, votait la résurrection de la main-morte, et contribuait de la sorte à nous faire reculer d'un siècle ?

D'où vient que l'homme d'affaires de la maison d'Orléans, M. Bocher, a uni son vote à celui de M. Jules Favre, le 25 février, lui qui, le 12 février précédent, fulminait contre la République, en réponse à M. Jules Favre, le plus violent des réquisitoires ?

Comment expliquer que, dans le scrutin du 25 février, le nom de M. le duc de Broglie ait figuré à côté de celui de M. Gambetta, et que les royalistes du centre droit s'y soient confondus en masse avec les membres de l'Union républicaine ?

Si c'est bien réellement la République qui a été fondée le 25 février, pourquoi l'a-t-elle été sans le concours de républicains aussi éprouvés que MM. Jules Grévy, Edgar Quinet, Barodet, Martin Bernard, Madier de Montjau, Daumas, Marcou, Ordinaire, Peyrat, Rathier, Louis Blanc ?

Enfin, lorsqu'il s'est agi, après le vote des lois constitutionnelles, de former un nouveau ministère, sous l'influence de quelles préoccupations les trois gauches ont-elles porté à la présidence de l'Assemblée, pour lui faciliter la formation d'un cabinet, le plus dangereux ennemi des idées républicaines et libérales : M. Buffet ?

La succession des faits a été si rapide ; on s'est si peu inquiété de les rapprocher l'un de l'autre ; on les a commentés avec un tel parti-pris de les obscurcir ; on a si bien réussi à éblouir l'opinion, et en France et au dehors, que, quoique l'histoire de la Constitution du 25 février soit d'hier, elle est très importante à raconter et très curieuse à lire.

Je suis de ceux qui, dans les circonstances extraordinaires où nous sommes, n'ont pu remplir leur devoir qu'au prix du plus douloureux des sacrifices. Comme mes amis Barodet, Martin Bernard, Daumas, Madier de Montjau, Marcou, Ordinaire, Peyrat. Rathier, et ce grand citoyen dont la France a eu depuis à porter le deuil : Edgar Quinet, j'ai dû me séparer, dans le vote des lois constitutionnelles, d'hommes qui m'ont toujours été et qui me sont toujours restés chers ; j'ai dû, dans la poursuite d'un but auquel ils tendent, je le sais, avec la même ardeur, avec la même anxiété que moi, embrasser une politique différente de la leur : raison de plus pour que je me sois décidé à entreprendre un récit qui mette mes électeurs en état de juger si j'ai bien ou mal compris le mandat qu'ils m'ont confié.

II

En 1874, la situation était celle-ci :

Que la République existât de droit, inutile de le dire : le droit, c'est elle ; mais, en outre et comme République nominale, elle existait de fait.

Le titre de président de la République était le titre du chef de l'Etat.

C'était au nom de la République que la justice était rendue.

C'était le nom de la République qu'on lisait dans le *Journal officiel*, sur nos actes publics, sur nos monnaies, sur nos timbres-poste, sur les médailles des représentants du peuple.

C'était la Républiqne française qu'avaient reconnue les gouvernements étrangers.

Pour rétablir la monarchie, les royalistes de l'Assemblée avaient fait diverses tentatives qui, toutes, avaient misérablement échoué.

Impossible de nier que la République ne fût, comme l'avait dit M. Thiers, bien longtemps avant le vote des lois constitutionnelles, le *gouvernement légal du pays.*

Il n'y avait donc ni à la mettre aux voix, ce qui eût été la mettre en question, et, avec elle, le suffrage universel auquel elle tient comme l'écorce à l'arbre, ni à la reconnaitre, ce qui eût été superflu ; son nom même, on l'a vu, n'était plus à conquérir : il s'agissait de *l'organiser.*

Par qui convenait-il que cette tâche fût accomplie ?

Par l'Assemblée qui existait alors, ou bien par une Assemblée nouvelle ayant reçu du suffrage universel le pouvoir constituant ?

Le devoir de consulter la volonté nationale, dans la grande question de la République à organiser, avait été affirmé par l'unanimité des membres de l'extrême gauche, formés en groupe sous le nom de *Union républicaine.* Et ils avaient manifesté leur opinion de la manière la plus éclatante, la plus persistante.

Un mot résumait leur politique : dissolution de l'Assemblée.

Tous, ils pensaient :

Que, pour en finir avec un provisoire qui pesait d'un poids de plomb sur le travail, sur l'industrie, sur le commerce, et qu'alimentaient des ambitions néfastes, il fallait consolider la République ;

Qu'elle n'avait pas besoin d'être proclamée en droit, parce qu'un peuple ne peut être donné sans crime, ni se donner sans folie ;

Qu'elle n'avait pas besoin d'être reconnue en fait, puisqu'elle était, selon la définition de M. Thiers lui-même, « le gouvernement légal du pays » ;

Que, dès lors, la question était de la constituer, mais que, pour l'exercice du pouvoir constituant, un mandat spécial, indiscutable, était nécessaire ;

Que ce mandat, l'Assemblée ne l'avait pas reçu ;

Qu'il n'y avait pas deux souverains, qu'il n'y en avait qu'un : la nation ;

Que tout ce qui serait fait sans elle porterait un germe de mort et ne répondrait pas à la grande nécessité du moment : le définitif ;

Que, par conséquent, il était urgent de convoquer les électeurs ; que là était le vrai remède ; que là était le salut ; que le meilleur moyen de rétablir le calme dans les esprits, de rendre l'activité aux affaires, de couper court à la compétition factieuse des partis, était d'appeler la France à décider, par des mandataires choisis à cet effet, de quelle manière devait être organisée la République.

Cette politique de l'Union républicaine s'affirma vivement dans le débat que souleva, le 30 août 1871, la proposition Rivet, tendant à la prorogation des pouvoirs de M. Thiers sous le titre de président de la République.

Voici de quelle manière je m'exprimai, à cette occasion : « Comment imaginer qu'on passe du provisoire au définitif, sans que ce grand changement ait lieu en vertu d'un mandat clair, précis, indiscutable ?... Ceux qui veulent que, sans un pareil mandat, l'Assemblée se déclare toute puissante, ceux-là ne prennent pas garde qu'ils confisquent au profit des élus la souveraineté des électeurs. »

« Soixante mille électeurs, s'écria M. Ordinaire, nous ont envoyés ici sans équivoque pour vous dénier le droit d'imposer à la nation un régime politique quelconque. »

« Alors même, dit M. Alfred Naquet, alors même que les électeurs vous auraient donné le pouvoir constituant au mois de février, vous ne l'auriez pas. La souveraineté nationale de demain prime la souveraineté nationale d'hier, et le vote de juillet efface, annule, annihile le vote du 8 février. »

Et M. Gambetta : « Je dis que,si vous vouliez user du pouvoir constituant pour organiser soit la République, soit la monarchie, vous feriez à la fois une œuvre téméraire et impolitique, parce que, lorqu'on crée un gouvernement par voie de constitution, il faut que les mains qui l'édifient aient été véritablement reconnues capables et dignes de l'édifier. Et savez-vous pourquoi ? C'est parce que je ne voudrais pas à ce prix d'une République créée par une Assemblée incompétente. »

On le voit : M. Gambetta, le 30 août 1871, allait jusqu'à dire que, si l'Assemblée s'arrogeait le pouvoir constituant, lui, à ce prix, ne voudrait pas d'une semblable République !

Plus tard, le 27 février 1873, la discussion s'étant ouverte sur le projet de loi présenté au nom de la commission des Trente et concernant les attributions des pouvoirs publics, projet auquel M. Dufaure, ministre de la justice alors, déclara que le gouvernement adhérait, M. Gambetta prit la parole, dans la séance du 28 février. Voici un passage du discours qu'il prononça :

Je dis que nous sommes engagés ; nous avons à plusieurs reprises, dès l'origine de l'Assemblée, protesté contre ses prétentions au pouvoir constituant, et aujourd'hui nous reconnaîtrions ce pouvoir ! Comment ! à partir du 2 juillet 1871, il n'est pas entré un républicain dans cette enceinte qui n'y ait été envoyé pour exprimer l'opinion de ses commettants. Or l'opinion de ces commettants républicains a toujours été de réclamer de vous la dissolution comme moyen politique et non pas l'organisation des pouvoirs publics. Et ces républicains le savent bien : la preuve qu'ils le savent, c'est que, lorsqu'on a discuté la proposition Rivet, ils ont voté contre le préambule. Ils sont liés par ces principes, par ces actes ; ils sont liés par le vote de la constitution Rivet, liés par le manifeste qu'ils ont signé, à l'heure des vacances, dans lequel ils déclaraient que l'Assemblée actuelle ne possédait pas le pouvoir constituant, et qu'il n'y avait plus qu'une résolution à prendre : la dissolution. Et aujourd'hui, nous pourrions consentir à changer toute notre conduite, à désavouer tous nos actes !... Nous sommes bien obligés de déclarer que nous ne pouvons pas comprendre ce que c'est que l'organisation d'une République qui n'a d'autre programme que de refouler la démocratie, qui ne comprend d'autres institutions que des institutions monarchiques, qui ne veut pas faire à l'esprit républicain les concessions sans lesquelles cette République n'est purement et simplement qu'une mise en œuvre des abus du passé. Si c'est là la République conservatrice, ce ne sera pas la République.

Lorsque, le 19 mai 1873, M. Dufaure, ministre de la justice, vint déposer sur la tribune deux projets de loi, dont l'un avait pour but d'organiser les pouvoirs publics, et dont l'autre était un projet de loi électorale, M. Peyrat fit, au nom de l'Union républicaine, la déclaration suivante :

Les représentants du peuple, soussignés :

Considérant qu'aucune assemblée élue n'a le droit d'exercer le pouvoir constituant qu'en vertu d'un mandat spécial, nettement défini, indiscutable.

Considérant qu'aucun mandat de ce genre n'a été donné à l'Assemblée ; que, même dans le cas où — ce que les soussignés sont loin d'admettre — il y aurait doute, ce doute ne saurait être levé que par un appel aux électeurs, pour la nomination d'une nouvelle assemblée ;

Déclarent protester contre la présentation des projets constitutionnels, laquelle attribue à l'Assemblée un pouvoir constituant que les représentants soussignés persistent à ne pas lui reconnaître.

En conséquence, M. Peyrat demandait l'urgence pour une proposition tendant à ce que « l'Assemblée prononçât, dans un délai de quinze jours, sur sa dissolution. »

Cette proposition était signée de : MM. Peyrat, Barodet, Guyot, Lockroy, Alphonse Picart, Georges Perin, Turigny, Challemel-Lacour, Ferrouillat, Lefèvre, Rathier, Thiersot, Dréo, Edgar Quinet, Louis Blanc, Gambetta, Henri Brisson, Laurent Pichat, Gaudy, Edmond Adam, Arrazat, Brelay, Brousses, Bert, Brillier, Bouchet, Cotte, Colas, Cazot, Castelnau, Corbon, Daumas, Farcy, Gent, Greppo, Joigneaux, de Lacretelle, Lepère, Lambert, Laserve, de Mahy, Millaud, Naquet, Ordinaire, Rouvier, Schœlcher, Tolain, Esquiros, Monier, Scheurer-Kestner, Bloncourt, Carion, Boysset, Ranc, Martin Bernard.

III

La politique de l'Union républicaine était donc nettement dessinée ; mais elle ne pouvait être celle des membres du centre gauche, lesquels n'étaient républicains ni d'éducation ni de sentiment ni de doctrine, ainsi qu'ils l'avaient loyalement déclaré par l'organe d'un des plus éminents d'entre eux. Leur républicanisme de date récente n'avait été qu'un hommage, très méritoire si l'on veut mais très timide, à la nécessité. Ce qu'ils devaient, eux, naturellement vouloir, c'était une République aussi peu différente que possible d'une monarchie ; et, comme ils craignaient que la République, telle que l'organiserait une assemblée nommée dans ce but par la nation, ne fût une République *réellement* républicaine, ils brûlaient de faire tout décider par l'Assemblée, où ils n'ignoraient pas que l'élément monarchique était en grande force.

Ils se concertèrent donc pour faire présenter par M. Casimir-Perier la proposition suivante :

L'Assemblée nationale, voulant mettre un terme aux inquiétudes du pays, adopte la proposition suivante :

La commission des lois constitutionnelles prendra pour base de ses travaux sur l'organisation et la transmission des pouvoirs publics :

1° L'article 1er du projet de loi déposé le 19 mai 1873, ainsi conçu : « Le gouvernement de la République française se compose de deux Chambres et d'un président, chef du pouvoir exécutif. »

2° La loi du 20 novembre 1873, par laquelle la présidence de la République a été confiée à M. le maréchal de Mac-Mahon jusqu'au 20 novembre 1880.

3° La consécration du droit de révision partielle ou totale de la Constitution, dans les formes et à des époques que déterminera la loi constitutionnelle.

Ce projet tranchait la question de savoir par qui la République serait organisée ; il en abandonnait le soin à une assemblée que le peuple n'avait pas un seul instant songé à élire dans ce but.

M. Casimir-Perier se chargea d'être l'interprète de ses collègues du centre gauche, et il fut convenu entre eux qu'il demanderait à la Chambre de voter la proposition d'urgence.

Enlever un pareil vote, on ne le pouvait qu'avec l'appui du groupe parlementaire désigné sous le nom d'Union républicaine, et qui était à l'Assemblée d'alors ce que l'extrême gauche est à l'Assemblée d'aujourd'hui. Or,on a vu avec quelle vivacité, avec quelle persistance, l'Union républicaine, dont je faisais partie, avait repoussé jusqu'alors toute idée de transformer l'Assemblée dite nationale en Assemblée constituante.

C'est ce que je rappelai à nos amis dans une réunion préparatoire. Je leur remis sous les yeux les déclarations, les actes, les votes, qui avaient formé, de notre part, une protestation incessante, infatigable, contre l'exercice par l'Assemblée de ce pouvoir constituant dont elle se prétendait investie. J'insistai sur ce point que M. Gambetta avait exprimé le sentiment de chacun de nous lorsque, dans la séance du 30 août 1871, il s'était écrié « qu'il ne voudrait pas d'une République créée par une Assemblée incompétente. » Je déclarai contraire à la nature des choses que des institutions républicaines sortissent des délibérations d'une Chambre tout imprégnée de l'esprit monarchique. J'adjurai nos amis de ne pas donner aux bonapartistes cette joie de n'avoir désormais à combattre qu'une République bâtarde. Je leur demandai si cette seconde Chambre, dont il s'agissait d'accepter avec tant de précipitation le principe, ne serait pas une forteresse bâtie à l'usage d'un pouvoir ennemi, et, si, établie en défiance du suffrage universel, pour tenir en échec l'autorité de ses mandataires, elle ne placerait pas un jour notre pays entre l'impuissance et une révolution. Je fis remarquer ce qu'il y avait d'étrange à venir nous dire: « Prononcez-vous tout de suite pour le système des deux Chambres », sans nous faire savoir ce que serait cette seconde Chambre qu'on nous réservait, de quels éléments elle serait composée, à quoi elle servirait. Avions-nous le droit de nous engager dans une telle route les yeux fermés ? Avions-nous le droit de voter l'inconnu, de jouer à croix ou pile les destinées de notre pays ?

De son côté, M. Edgar Quinet écrivit une déclaration dont j'ai devant moi l'original signé de sa main. Elle portait :

Où nous conduisent les auteurs du projet qui nous est soumis par le centre gauche ? Ce projet ne peut se passer du centre droit. C'est donc une nouvelle édition de la conjonction des centres. Vous savez ce qu'elle a produit jusqu'ici : une série de mécomptes.

Mais ce projet lui-même, quel est-il ? Je vois bien le mot de gouvernement de la République, cela est vrai. Mais chaque jour, je lis des lois promulguées par le président de la République. Il est bien évident que s'il y a un président de la République, il y a un gouvernement de la République. Le projet n'ajoute donc rien à l'état présent des choses.

J'arrive à l'idée fondamentale : le gouvernement de la République se compose de deux Chambres. Il est aisé de prévoir dans quelle catégorie se renfermera la première, celle qu'on appelle le Sénat. Nous aurons une Chambre haute royaliste, impérialiste, et une Chambre basse républicaine. Ainsi, la République et l'Empire seront aux prises légalement dans le fond même de la Constitution. Cela peut-il se concevoir ? Deux Assemblées, l'une monarchique, l'autre républicaine, voilà ce que quelques-uns appellent le salut de la France ! On avait dans la première forme du projet inséré un article sur la révision. Comme si, pour sortir du provisoire, ce qu'il y avait de plus pressé était d'annoncer un provisoire nouveau ! Encore, dans la première forme, la révision ne pouvait être prononcée sans les garanties établies par la Constitution de 1848. Mais ces garanties, on les a effacées, et c'est la révision toute nue que l'on offre au centre droit, pour qu'il puisse à son gré faire et défaire la République.

Et tout cela, dit-on, pour sortir du provisoire ! Mais le provisoire, c'est précisement ce qui nous est proposé. Ce que l'on prétend fonder, on le détruit. On veut assurer la République et on la met à la discrétion de ceux qui n'en veulent pas.

C'étaient là certainement des raisons d'un grand poids. Elles ne prévalurent pas néanmoins dans l'esprit de nos amis sur l'espoir qu'ils avaient de gagner le centre gauche à la République. M. Gambetta fit observer que le vote d'urgence n'engageait à rien ; qu'il n'impliquait pas le vote de la question elle-même ; que nous serions toujours à temps de combattre l'institution des deux Chambres. A cela je répliquai que, dans une semblable voie, un premier pas était dangereux, qu'il en amènerait un second, et le second un troisième : « Prenez garde !... » m'écriai-je, « on nous pousse à descendre une de ces pentes sur lesquelles on ne s'arrête pas quand on veut. »

La suite de ce récit montrera que la crainte exprimée par moi n'était que trop fondée.

IV

Ce fut le 15 juin 1874 que la proposition de M. Casimir-Perier fut déposée entre les mains du président de l'Assemblée, M. Buffet. Elle était signée Casimir-Perier, Léon de Malleville. Louis Lacaze, Emile Lenoël, René Brice, Achille Delorme, Robert de Massy, Léon Say et Gailly.

Nécessité d'en finir avec le provisoire : tel fut l'argument sur lequel M. Casimir-Perier s'appuya pour demander l'urgence, et tel fut le thème que s'attachèrent à développer M. Laboulaye et M. Léon Say.

Il est certain que le pays était fatigué du provisoire ; mais la question était de savoir si le meilleur, si l'unique moyen d'en sortir sans usurpation n'était pas de laisser à une Assemblée constituante nommée par le peuple le soin d'organiser définitivement la République. Or, ce point, qui était le plus important, ni M. Casimir-Perier, ni M. Laboulaye, ni M. Léon Say n'eurent garde de le toucher.

En pressant l'Assemblée d'imposer un Sénat à la République, ils avaient eu pour but d'opposer une digue à la démocratie d'une part, et d'autre part de faire une République dans laquelle les royalistes pussent avoir une place qui leur donnât peu de chose à regretter. Ce double but, M. Laboulaye ne se mit pas en peine de le cacher.

Si vous ne voyez pas, dit-il, le visage tourné vers la droite, si vous ne voyez pas que le pays, las du provisoire, s'en ira chercher le premier gouvernement d'aventure ; si vous ne sentez pas que vous nous menez ainsi vers un danger qui approche tous les jours, alors vous avez raison de ne rien faire ; mais si vous sentez comme nous, si vous voyez comme nous le flot qui monte, n'aurez-vous pas le courage de venir avec nous et de nous aider à faire la digue qui doit tout contenir ?

Il ajouta :

Est-ce que vous ne nous avez pas donné les plus nobles exemples pendant la guerre ? Est-ce que ce n'est pas parmi vous qu'on a vu une foule de gens courageux, énergiques, venir se battre... Sous quel drapeau ? Sous le drapeau de la République ! Cette main que nous vous tendons, vous ne la repousserez pas.

Chose à noter ! ce fut la gauche qui applaudit à ces paroles ; la droite, à qui elles s'adressaient, resta froide et silencieuse !

Elle répondait par le dédain aux flatteries de M. Laboulaye, aux avances du centre gauche.

Elle fit plus. La République avait été proclamée le 4 septembre ; elle existait ; tout jusqu'alors s'était fait en son nom ; mais dès que M. Casimir-Perier semblait la mettre en question en la mettant aux voix, il était naturel que la royauté lui fût opposée par les royalistes. Qu'on juge de l'émotion de la gauche, lorsque, vers la fin de la séance, elle vit M. de la Rochefoucauld, duc de Bisaccia, monter à la tribune, et qu'elle l'entendit proposer à l'Assemblée le décret suivant : « Le gouvernement de la France est la monarchie » ! La droite éclata en applaudissements. Soixante-quatre membres avaient signé la motion, et ce qui ajoutait à sa gravité, c'est qu'elle était présentée par un homme revêtu d'un caractère officiel. Un membre de la gauche en fit amèrement la remarque. « Et c'est un ambassadeur de la République ! » cria-t-il, « qui fait une pareille proposition ! »

La même voix demanda l'avis du gouvernement. Mais cet avis, quel pouvait-il être ? Les ministres d'alors étaient MM. Tailhand, Montaignac et de Cumont, légitimistes avoués ; Fourtou et Magne, bonapartistes ; Grivart, Decazes et Caillaux, orléanistes. Interrogés, ils n'auraient pu être d'accord que pour répondre : « Nous ne voulons pas de la République. »

M. de la Rochefoucauld ayant réclamé le renvoi de sa proposition à la commission des lois constitutionnelles, et ce renvoi ayant été mis aux voix par le président de l'Assemblée, une première épreuve par mains levées eut lieu et fut déclarée douteuse. Il fallut recommencer l'épreuve, par assis et levé ; et, cette fois encore, elle fut si douteuse, que le président ne put prononcer le rejet qu'après en avoir conféré avec les secrétaires.

Ainsi apparaissait à tous les yeux ce que la proposition de M. Casimir-Perier avait eu d'imprudent, ce qu'elle avait de dangereux. Mais l'imprudence et le danger furent mis en relief d'une manière bien plus frappante encore par le vote sur l'urgence de cette proposition fameuse. Les résultats, tels que le président les proclama en séance, furent les suivants : *pour*,

345 ; contre, 341 ; c'est-à-dire une majorité de 4 voix seulement *pour !*

Mais quoi ! le lendemain, au début de la séance, MM. Lebourgeois, Jockteur-Montrozier, Vitalis et le général de Cissey, montaient successivement à la tribune pour déclarer que le procès-verbal avait commis une erreur en les rangeant parmi les abstentionnistes et qu'ils avaient voté contre l'urgence. Même rectification fut adressée au *Journal officiel*, en ce qui les concernait, par M. Caillaux, par le comte d'Harcourt, par le baron Decazes. Les résultats vrais étaient donc ceux-ci : pour l'urgence, 338 ; contre, 348, c'est-à-dire une majorité de 10 voix *contre !*

Comme il était de règle qu'un vote vérifié par le bureau et proclamé ne pouvait être infirmé par des réclamations ultérieures, le vote d'urgence de la proposition Casimir-Perier fut tenu pour valable ; mais quel surcroît de force, quel surcroît de prestige la République avait-elle à tirer d'une démonstration de ce genre ?

Les membres de l'Union républicaine avaient voté en masse avec le centre gauche. Trois d'entre eux s'étaient abstenus : M. Edgar Quinet, M. Peyrat et moi.

La *République française*, organe de M. Gambetta, affecta de voir dans le dénouement de la séance du 15 juin une grande victoire de la République.

Elle se félicita d'avoir fait cause commune avec le centre gauche. Elle affirma que M. Casimir-Perier ne regretterait pas la page qu'il venait d'ajouter à l'histoire de sa famille. Elle qualifia de « événement immense » le vote qui conduisait à l'établissement d'un Sénat. En un mot, elle s'étudia, dès ce moment, à donner le change aux esprits sur le coup dont la séance du 15 juin menaçait de frapper la politique de la dissolution, cette politique que M. Gambetta avait jusqu'alors si ardemment soutenue.

Mais le *Temps*, moniteur du centre-gauche, se montra moins satisfait. Il avoua que la majorité de l'Assemblée était « trop faible pour constituer et trop faible pour gouverner. » Le *Bien public* s'exprima en ces termes: «Ce n'est pas avec une majorité de *quatre voix* que l'on peut mener à bien la grande œuvre d'une Constitution. Si nos représentants avaient la témérité de l'essayer, ils se verraient bientôt réduits à l'impuissance. Sur le terrain qu'ils viennent de déblayer des compétitions monarchiques, il leur est difficile de rien construire ; il faudra, suivant toutes probabilités, appeler d'autres ouvriers. »

C'était là précisément ce que redoutaient les inspirateurs ou meneurs du centre gauche. Leur langage dans la commission des Trente ou commission des lois constitutionnelles, révéla clairement le but qu'ils s'étaient proposé en pressant l'adoption de la proposition Casimir-Perier.

« Une fois que la République sera constituée », dit M. Dufaure, « je compte sur l'appui des conservateurs, et je sais qu'elle ne peut s'en passer. *C'est dans ce but, et systématiquement, que nous avons dit qu'il fallait deux Chambres.* De plus, il y a un chef du pouvoir exécutif... *que nous pouvons fortifier et consolider de diverses façons.* Enfin, *pour rassurer les consciences, et parce que la République doit faire ses preuves,* on a résolu de consacrer le droit de révision. »

M. Lefèvre-Pontalis fit remarquer qu'il y avait une distinction à établir entre la République et le parti républicain. Il mettait, quant à lui, la répression de la Commune et le désarmement de la garde nationale à l'actif de la République ; mais il ne voulait pas du parti républicain laissant passer les doctrines révolutionnaires. Ce qu'il voulait, c'était une République conservatrice, et *il ne voyait pas grande différence entre cette République-là et une monarchie constitutionnelle.*

M. Cézanne déclara qu'il s'était prononcé pour la République, parce qu'elle avait vaincu la Commune ; parce qu'elle avait dissous la garde nationale ; parce qu'elle avait mis le gouvernement à Versailles ; parce que seule elle pouvait lutter contre le socialisme ; et, reprenant l'idée exprimée par M. Dufaure, il insista sur ce qu'au moyen de la révision, *la France aurait une issue légale pour sortir de la République.*

Ainsi, faire une République aussi semblable que possible à la monarchie, la tenir en bride au moyen du Sénat, et, en tout cas, ne la prendre qu'à l'essai, voilà ce qu'avait en vue le centre gauche. Et c'était le premier succès obtenu par cette politique que le journal de M. Gambetta saluait comme une grande victoire du parti républicain !

V

Cependant la cause de la dissolution n'était point perdue. Un grave incident vint montrer que le vrai remède aux maux de la situation devait être cherché dans un appel au pays.

L'*Union*, journal légitimiste, ayant été suspendue par le gouvernement pour avoir publié un manifeste du comte de Chambord, les légitimistes de l'Assemblée s'émurent, et M. Lucien Brun annonça qu'il interpellerait à ce sujet le ministère.

Les partisans du comte de Chambord, en votant la loi du 20 novembre 1873, qui confiait pour sept ans au maréchal de Mac-Mahon le pouvoir exécutif, avaient-ils entendu renoncer au droit de demander la proclamation de la monarchie quand ils le jugeraient à propos? Telle était la question que soulevait naturellement l'interpellation annoncée pour le 8 juillet.

Elle allait donner lieu à un débat passionné. On le prévoyait, et jamais plus vive agitation n'avait régné à Versailles. Le 8 juillet, chaque député était à son poste. Les tribunes publiques regorgeaient de spectateurs. L'Europe entière était là, pour ainsi dire, dans la personne des membres du corps diplomatique. Tout le monde sentait que de la discussion pouvait sortir quelque chose de plus sérieux que le maintien ou la chute du ministère.

Dans un langage clair, incisif, animé, M. Lucien Brun reprocha au gouvernement du maréchal de Mac-Mahon d'avoir outrepassé son droit et empiété sur ceux de l'Assemblée en prétendant fermer la bouche aux royalistes. Il l'accusa d'avoir donné de la sorte à la loi du 20 novembre une signification que ne lui avaient pas donnée ceux qui l'avaient faite. Cette loi, il affirma qu'à l'Assemblée seule il appartenait de l'interpréter. Il demanda compte au ministère de la partialité dont il avait fait preuve en tolérant la publication du discours prononcé le 16 mars, à Chislehurst, par le prétendu héritier de l'Empire, et il flétrit ceux qui disaient du maréchal de Mac-Mahon : « La loi, c'est lui »

A cette attaque, M. de Fourtou ne répondit que par une longue et puérile déclamation, qu'interrompaient à chaque instant les rires, les murmures, les exclamations ironiques. Le pouvoir septennal ne pouvait avoir un pire défenseur.

Parmi les divers ordres du jour proposés, il y en avait un que présenta M. Pâris et qui était ainsi conçu : « l'Assemblée nationale, résolue à soutenir énergiquement les pouvoirs conférés, pour sept ans, à M. le maréchal de Mac-Mahon, président de la République, et réservant l'examen des questions soumises à la commission des lois constitutionnelles, passe à l'ordre du jour. »

Cette rédaction, acceptée par le gouvernement, fut repoussée par l'Assemblée, à la majorité de 38 voix.

C'était le renversement du ministère.

Les ministres le comprirent, et allèrent, à l'issue de la séance, déposer leur démission entre les mains du maréchal de Mac-Mahon. Mais, le lendemain, on apprit que la démission avait été refusée et qu'il allait être répondu au vote de la Chambre par un message présidentiel.

Les députés arrivèrent à Versailles dans un état d'extrême agitation. Le résultat de la séance du 8 juillet avait été de rendre toute sa force à la politique de la dissolution ; le bruit courait que plusieurs propositions dans ce sens allaient être faites : les membres du centre gauche se réunirent à la hâte, avant la séance. Si une demande de dissolution était portée à la tribune et si l'on réclamait l'urgence, voteraient-ils l'urgence ? La réunion, après un débat fort animé, se décida pour l'affirmative, mais elle chargea M. Casimir-Perier de provoquer d'abord la décision de la Chambre sur le projet qu'il lui avait déjà soumis au nom du centre gauche, projet que ce groupe était bien résolu à n'abandonner qu'à la dernière extrémité.

Quand la séance s'ouvrit, l'émotion était générale et profonde. Tout à coup le général de Cissey paraît à la tribune. On écoute en silence. Le message qu'il venait lire commençait en ces termes :

« Messieurs, lorsque, par la loi du 20 novembre, vous avez remis entre mes mains le pouvoir exécutif pour sept ans, vous avez voulu, en plaçant au-dessus de toutes les contestations le mandat que je tenais de vos suffrages, donner aux intérêts la sécurité qui leur est nécessaire et que les institutions précaires sont impuissantes à leur procurer... Les pouvoirs dont vous m'avez investi ont une durée fixe. Votre confiance les a rendus irrévocables, et, devançant le vote des lois constitutionnelles, vous avez voulu, en me les attribuant, enchaîner vous-mêmes votre souveraineté. »

A ces mots, violents murmures. Ils se renouvellent lorsque, continuant sa lecture, le général de Cissey prononce ces paroles menaçantes : «J'userai, pour les défendre (ces pouvoirs), des moyens dont je suis armé par la loi. » Seuls, les membres du centre droit et quelques membres de la droite applaudissent. Enfin, l'émotion est au comble, lorsque, après avoir pressé l'Assemblée d'organiser les pouvoirs à lui conférés par la loi du 20 novembre 1873, le maréchal termine son message ainsi : « Je charge mes ministres de faire connaître sans retard à la commission constitutionnelle les points sur lesquels je crois essentiel d'insister. » Louis XIV n'aurait pas mieux dit.

De pareilles injonctions appelaient une réponse qui vengeât la dignité de l'Assemblée : M. Casimir-Perier ne prit la parole que pour demander le prompt rapport de sa proposition des deux Chambres. Cette fois, ni l'Union républicaine ni la gauche ne se montrèrent disposées à seconder son impatience. Il put s'en apercevoir au silence qu'elles gardèrent, pendant que des bancs de la droite et du centre droit partaient à tout moment des interruptions hostiles.

Evidemment, la chance avait tourné : beaucoup d'esprits, jusqu'alors incertains, commençaient à comprendre qu'il n'y avait de raisonnable que la dissolution. Sur l'annonce faite par M. Batbie, président de la commission des lois constitutionnelles, que cette commission était à la veille de faire son rapport, M. Casimir-Perier déclare ne pas insister ; et aussitôt M. Raoul Duval dépose sur le bureau une proposition de loi pour laquelle il annonce qu'il demandera l'urgence.

Sa proposition se composait de trois articles dont le premier était celui-ci : « Le peuple français sera convoqué dans ses comices pour procéder à des élections générales, le dimanche 25 octobre prochain. »

M. Raoul Duval avait laissé échapper dans son exposé des motifs quelques mots qui témoignaient trop clairement de ses opinions bonapartistes ; il avait dit : « La France est absolument libre de choisir entre les diverses formes de gouvernement qu'elle a successivement expérimentées. » C'était admettre comme possible la résurrection de l'Empire : M. Lepère protesta, tout en déclarant qu'un certain nombre de ses amis et lui-même voteraient l'urgence de la proposition. Mais déjà M. Casimir-Perier avait annoncé que, quant à lui, il ne la voterait point, parce qu'il tenait avant tout à ce qu'on statuât sur les lois constitutionnelles. Elle ne fut votée, en effet, ni par lui ni par ses amis du centre gauche, qui agirent en cette occasion contrairement à ce qu'ils avaient décidé la veille dans une réunion particulière de leur groupe, et qui montrèrent de la sorte qu'ils voulaient bien que l'Union républicaine vînt à eux, mais qu'ils n'étaient pas pressés d'aller à elle.

VI

L'heure des résolutions décisives approchait. Nous fûmes invités, M. Edgar Quinet, M. Peyrat et moi, à faire connaître de nouveau et plus complètement, dans une réunion de nos amis de l'extrême gauche, les motifs qui nous portaient à repousser la proposition Casimir-Perier.

Voici en quels termes j'exposai ces motifs :

Messieurs,

Nous répondons à votre appel, notre désir le plus ardent étant de vous convaincre ; car si, faute d'y réussir, nous étions forcés, dans les graves circonstances où nous sommes, de voter autrement que vous, ce serait avec un profond déchirement de cœur; et de toutes les épreuves que nous a values notre amour pour la République, aucune ne nous aurait été plus douloureuse.

Pour réprimer l'audace croissante des bonapartistes, pour sortir d'un provisoire qui excède la France et la ruine, que faut-il?

Consolider la République.

Mais il n'y a point à la faire affirmer par un vote: d'abord, parce que, n'étant qu'un avec le suffrage universel, elle s'affirme elle-même; ensuite, parce que rien ne serait plus dangereux que de faire dépendre sa légitimité de la décision d'une assemblée dont plus de la moitié lui est notoirement hostile. Mettre la République aux voix après quatre ans d'existence? Mais c'est reconnaître qu'elle n'a pas existé jusqu'à présent! Mais c'est frapper de nullité tout ce qui s'est fait en son nom depuis le 4 septembre! Mais c'est convier les monarchistes à nous présenter le dilemme suivant: ou la République existe, et, dans ce cas, pourquoi proposer qu'on la proclame, ou elle n'existe pas, et, dans ce cas, on ne peut nous refuser le droit de voter la monarchie!

La proposition Casimir-Perier a donc le double défaut de mettre le droit en question et de l'exposer à une défaite, si elle était, ainsi qu'on le prétend et qu'on s'est efforcé, non sans succès, de le persuader au public, une proclamation de la République comme gouvernement définitif et de droit.

Mais elle n'est point cela.

Qu'est-ce, en effet, que cette manière détournée

de reconnaître la République: « Le gouvernement de la République se compose de deux Chambres? »

Le gouvernement de la République, nous l'avons déjà.

Est-ce que le chef du pouvoir exécutif ne s'appelle pas aujourd'hui président de la République?

Est-ce que ce n'est pas le titre que nous avons vu figurer dans les proclamations à l'armée?

Est-ce que ce n'est pas au nom de la République que les décisions de la justice sont rendues?

Est-ce que ce n'est pas au nom de la République qu'ont été passés, depuis la chute de l'Empire, tous nos traités avec les puissances étrangères?

Est-ce que nos monnaies ne sont pas à l'effigie de la République!

Est-ce que les mots: *République Française* ne sont pas gravés sur nos médailles de députés?

La proposition Casimir-Perier n'ajoute donc rien à ce qui est. Si elle était adoptée, nous n'aurions rien de plus que ce que nous avons.

Et si elle était repoussée?...

Que les auteurs de la proposition aient eu l'intention d'affirmer la République, soit; mais d'où vient qu'ils ne l'ont pas fait d'une manière directe et nette? D'où vient qu'ils n'ont pas dit: « Le gouvernement définitif de la France est la République »?

Si du moins ils avaient scindé la proposition en deux articles bien distincts; s'ils avaient dit: « Art. 1er. Le gouvernement de la France est une République. — Art. 2. Il se compose de deux

Chambres », on aurait eu la ressource, après avoir voté pour le premier de ces articles, de voter contre le second.

La vérité est que dans la proposition dont il s'agit, la seule chose qui soit affirmée, c'est une seconde Chambre, c'est-à-dire un moyen de faire obstacle à la volonté populaire, une précaution prise contre le suffrage universel, une arme forgée contre la Chambre républicaine que nous donneront les élections générales.

Quoi ! l'on nous présente comme le triomphe de la République ce qui ne peut servir qu'à la paralyser !

Que pourra être, en effet, une République faite par l'assemblée qui nous est connue ? Si quelqu'un de nous a des doutes à cet égard, qu'il s'enquière des raisons que les plus ardents défenseurs de la proposition mettent en avant pour en recommander l'adoption ; qu'ils méditent le passage suivant d'un article publié par le *Temps*, principal organe du centre gauche, dans son numéro du 27 juin dernier:

« Le rejet de la proposition Casimir-Perier conduit à une dissolution immédiate. Son adoption, par le fait de quelques députés du centre droit, écarte la dissolution et refait une majorité solide ; cette majorité est d'autant plus conservatrice que les députés du centre droit, déjà ralliés, entraînent un plus grand nombre de leurs coreligionnaires.

« *Le centre droit disposera donc, quand il le voudra, de la République, de la majorité et du gouvernement.* »

Eh bien, il s'agit de savoir si nous voterons la proposition Casimir- Perier, pour écarter la dissolution, nous dont la politique n'a, jusqu'à présent, cessé de tendre à la dissolution ; si nous voterons la proposition Casimir-Perier, pour que les orléanistes du centre droit arrivent *à disposer, quand ils le voudront, de la République* ! Ce n'est pas seulement au nom des principes que je pose la question ; c'est au nom de la politique, dans ce qu'elle a de plus pratique;c'est au nom du bon sens.

On parle de combattre le bonapartisme. Oh ? ce serait là un singulier moyen de le vaincre ! Il ne faut pas s'y tromper : ce qui fait qu'en France le césarisme n'a pas été chose impossible, c'est qu'il s'est caché,en s'offrant au peuple, sous le masque de la démocratie. Le *parti de l'appel au peuple*, voilà l'artificieuse dénomination qui, aujourd'hui encore, sert de voile aux convoitises impérialistes. Qu'arrivera-t-il si nous mettons notre drapeau dans notre poche, nous qui sommes le véritable *parti de l'appel au peuple*, puisque nous voulons qu'on le consulte sans le tromper ? Fournirons-nous aux bonapartistes un prétexte pour dire aux masses, qu'ils s'entendent si bien à abuser : « Vous le voyez : il n'y a de démocrates que nous. A qui les républicains laissent-ils le soin de constituer le gouvernement de la France ? A une assemblée qui met sa souveraineté à la place de la vôtre. Et nous, à qui reconnaissons-nous le droit de décider du sort de la nation ? A vous, qui êtes la nation, à vous tous ! »

Un pareil langage, je le demande, serait-il sans danger? La force des républicains contre le bonapartisme est dans l'intégrité de leurs principes, dans leur rigide adhérence au grand dogme de la souveraineté du peuple. C'est pourquoi nous vous conjurons de ne rien abandonner de cette force, et de rester vous-mêmes.

J'exposerai tout à l'heure les divers motifs qui empêchèrent l'Union républicaine de se rendre à des arguments que M. Edgar Quinet, M. Peyrat et moi regardions comme absolument irréfutables. Un de ces motifs fut l'engagement pris par le centre gauche de se rallier à la politique de la dissolution, dans le cas où la proposition Casimir-Perier serait rejetée.

Elle le fut.

Vivement soutenue par son auteur et par M. Dufaure dans la séance du 23 juillet, et amèrement critiquée par M. de Broglie, mais à un point de vue qui était l'opposé du nôtre, elle eut contre elle une majorité de 41 voix. Quatre membres de l'extrême gauche s'abstinrent : MM. Edgar Quinet, Peyrat, Ledru-Rollin et moi. Tous les autres, unis à la gauche et au centre gauche, votèrent pour.

M. Jules Grévy s'abstint, lui aussi.

Le centre gauche, voyant la proposition rejetée, fit alors ce qu'il avait promis. Au nom de trois cents députés, M. Léon de Malleville demanda l'urgence pour une proposition tendant à fixer au 6 septembre suivant les élections pour la prochaine Assemblée nationale ; et ce dont il faudra se souvenir, c'est que la demande ne fut repoussée, au scrutin public, que par 369 voix contre 340.

Le lendemain, le *Rappel* publiait la lettre et le projet qui suivent :

Monsieur le rédacteur,

Convaincus que le gouvernement de la République ne pouvait être organisé d'une manière stable et conforme à sa nature que par une assemblée républicaine investie à cet égard d'une mission spéciale par le suffrage universel, nous avions résolu de présenter, sous forme de contre-projet, le jour de la discussion, la demande de dissolution dont nous vous envoyons le texte. Nous y avons renoncé, par un motif que chacun comprendra, en apprenant, la veille du débat, que la dissolution devait être proposée par les gauches réunies, dans le cas où la motion Casimir-Perier serait rejetée.

Mais nous désirons que les considérants du projet qui avait été préparé par nous soient connus. Ils éclaireront le public sur les motifs qui nous ont portés à nous abstenir, dans le vote de la motion Casimir-Perier, motifs qui ont puisé une force nouvelle dans le mouvement dissolutionniste qui s'était avec tant d'éclat prononcé dans l'Assemblée. Car, dès que ce mouvement faisait dépendre du rejet de la motion dont il s'agit l'espoir d'arriver enfin à la dissolution, nous ne pouvions contribuer, en adoptant la première solution, que nous trouvons mauvaise, à écarter la seconde, qui nous a toujours paru la bonne.

Voici le contre-projet dont il est question dans les lignes qui précèdent :

Les soussignés,

Considérant qu'il faut en finir avec le provisoire, parce qu'il déchaîne toutes les ambitions, trouble tous les esprits, arrête les affaires et paralyse le travail ;

Que l'organisation prompte d'un gouvernement définitif et durable est la grande nécessité du moment ;

Que ce gouvernement ne peut être que la République ;

Que la République existe de fait ;

Qu'elle existe en droit, toute autre forme de gounement étant inconciliable avec le suffrage universel ;

Que, par conséquent, le gouvernement de la République n'est pas à *mettre aux voix*, mais à organiser ;

Que le droit de l'organiser appartient à ceux qui en auront reçu le mandat spécial du souverain ;

Que le souverain, c'est la nation ;

Que toute Constitution faite en dehors de la nation serait un édifice bâti sur le sable et ne répondrait nullement à ce besoin du définitif qui est le plus impérieux des besoins du pays ;

Que l'unique moyen de sortir du provisoire est de rendre immédiatement à la nation l'exercice de sa souveraineté;

Que telle est l'opinion du peuple, formellement exprimée par lui dans toutes les élections qui ont eu lieu depuis le 8 février 1871 ;

Que, jusqu'à ce qu'il soit fait selon la volonté du peuple, il n'y aura ni calme ni sécurité ;

Que, dès lors, tout projet conduisant à de longues discussions qui menacent de ne pas aboutir aurait pour effet de prolonger, en même temps que le provisoire, l'inquiétude des esprits et la crise des affaires ;

Considérant que, quelque opinion qu'on puisse avoir du système des deux Chambres — système que pour leur compte les soussignés repoussent absolument — on ne saurait, en tout cas, se prononcer sur ce point, sans savoir ce que la seconde Chambre sera et à quoi elle servira ;

Que ce serait voter l'inconnu ;

Qu'il y aurait péril suprême à faire instituer une seconde Chambre par l'Assemblée actuelle ;

Que ce serait courir le risque de placer face à face une seconde chambre monarchique et une première chambre républicaine ;

Que de là naîtraient certainement les plus funeste conflits ;

Que ce dénouement serait surtout à redouter, si le chef du pouvoir exécutif recevait le droit de dis soudre la première chambre, soit seul, soit d'accord avec la seconde ;

Considérant enfin que c'est dans une stricte adhérence au principe de la souveraineté du peuple que réside la force des républicains, et que l'appel au peuple par voie d'élections générales est le meilleur moyen de combattre efficacement l'appel au peuple par voie de plébiscite,

Ont l'honneur de soumettre à l'Assemblée le contre-projet suivant :

ART. 1er

Le gouvernement de la République sera organisé par l'Assemblée que le suffrage universel aura élue avec mission spéciale et nettement définie de pourvoir à cette organisation.

ART. 2

Les électeurs sont convoqués pour le dimanche 27 septembre 1874, à l'effet de renouveler intégralement l'Assemblée nationale.

EDGAR QUINET. — A. PEYRAT. — LOUIS BLANC. — LEDRU-ROLLIN.

Un bulletin avait été déposé indûment au nom de M. Peyrat. Il en fut informé le soir même et courut faire au *Journal officiel* la rectification que cette supercherie rendait nécessaire.

A son tour, M. Ledru-Rollin écrivit au directeur du *Journal officiel* :

Monsieur,

En parcourant la liste des scrutins d'hier, je m'aperçois que mon nom figure à tort parmi ceux des membres qui ont voté pour la proposition de M. Casimir-Perier. Il y a erreur ; je me suis notoirement abstenu. Dès la veille, je signais, avec mes amis Edgar Quinet, Louis Blanc et Peyrat, une lettre où nous donnions les raisons de notre abstention, laquelle lettre a paru ce matin dans le *Rappel*.

Agréez, etc.

LEDRU-ROLLIN.

Les résultats de la séance du 23 juillet donnèrent lieu dans la presse à des observations qu'il est bon de recueillir.

Le *Rappel* blâma en ces termes la mise aux voix de la République :

« Les vérités élémentaires dispensent les assemblées, de les reconnaître. Il n'y a pas besoin d'un vote de majorité pour que le plus court chemin d'un point à un autre soit la ligne droite. »

La *Gazette de France* s'exprima ainsi : « L'extrême gauche, la gauche et le centre gauche sont venus hier demander aux ruraux de daigner accorder le vote favorable qui seul pouvait constituer une situation légale à la République de septembre. C'est là un fait considérable et qui donne au scrutin du 23 juillet une portée toute particulière. En sollicitant de l'Assemblée la reconnaissance de la République, les républicains se sont placés dans une situation toute nouvelle et qui les oblige à s'incliner devant les arrêts du tribunal dont ils ont reconnu l'autorité et la compétence. »

La *Liberté* reprocha aux républicains d'avoir « incliné la majesté du droit populaire devant une assemblée qu'ils seraient désormais mal venus à déclarer impuissante. »

Le *Paris-Journal* fit remarquer que les républicains de l'extrême gauche n'avaient rien gagné à la répudiation de leur doctrine constante, et qu'ils avaient oublié en pure perte leurs déclarations, leurs professions de foi antérieures.

L'*Union* constata que le parti dissolutionniste avait grandi dans l'Assemblée.

Enfin, le journal de M. Gambetta, la *République Française*, revint comme il suit à la politique qu'il avait abandonnée et que nous le verrons bientôt abandonner encore : « Cette lutte est finie, pour nous du moins. *Nous ne pensons plus qu'au pays ; nous ne voulons plus voir que le pays.* La République ne sortira pas des délibérations d'une assemblée qui, se croyant appelée à rétablir la monarchie, a été convaincue de son impuissance à y réussir. La République ne peut plus sortir que des urnes populaires. La séance d'hier prouve que ces urnes ne tarderont pas à s'ouvrir. »

VII

Tel était l'état des choses, lorsque l'Assemblée, qui s'était prorogée le 5 août 1874, reprit, le 30 novembre, ses travaux interrompus.

Tout semblait maintenant inviter les trois gauches à s'unir sur le terrain de la dissolution immédiate.

Si l'union s'était accomplie dans ce but; si elle avait visé à rendre au peuple l'exercice de sa souveraineté, on tenait la victoire. Que fallait-il en effet pour la rendre certaine? Il fallait un déplacement de 15 voix, rien que de 15 voix, la dissolution ayant été repoussée, dans la séance du 23 juillet, par 369 voix seulement contre 340. Or, si l'on avait fait pour obtenir ce déplacement la centième partie des efforts qui furent faits pour revenir au vote des lois constitutionnelles, comment douter qu'on n'eût réussi ? Est-ce que l'Assemblée, dans ce cas, ne se trouvait pas réduite à une impuissance absolue? Et qu'aurait-elle pu répondre au pays, que le provisoire excédait, lorsqu'il lui aurait crié : Puisque vous ne pouvez rien, retirez-vous?

Malheureusement, trois mois de vacances avaient séparé le vote du 23 juillet de l'ouverture de la session, et les membres du centre gauche étaient revenus à Versailles avec le désir, plus ardent, plus absolu que jamais, de faire voter par l'Assemblée actuelle l'organisation d'une République selon leur cœur, dût la dissolution en être indéfiniment retardée. Ils insistèrent sur la nécessité de reprendre l'œuvre des lois constitutionnelles.

Mais l'Assemblée pouvait-elle, sans violation des principes les plus élémentaires de la science politique, être à la fois législative et constituante? Car enfin, ce que tous les publicistes ont enseigné et ce que le bon sens indique, c'est qu'une constitution n'est pas une loi semblable aux autres; c'est qu'elle a une nature qui lui est propre, un caractère particulier; c'est que les lois constitutionnelles diffèrent des lois ordinaires en ce que les premières obligent les assemblées et le gouvernement, tandis que les secondes obligent les citoyens; c'est que, par conséquent, le soin de faire les lois constitutionnelles ne saurait être confié aux hommes nommés pour faire les lois ordinaires parce que, de cette façon, les constitutions se trouveraient précisément à la merci de ceux dont leur but est de limiter l'autorité.

Ce n'était certes point là une doctrine nouvelle ou inconnue aux principaux inspirateurs du centre-gauche. M. Laboulaye, notamment, l'avait professée bien haut. Mais vainement furent-ils adjurés de ne pas donner par leurs actes un démenti à leurs propres enseignements ; vainement furent-ils pressés de ne pas enlever à la nation le droit de disposer de son lendemain, pour le livrer à une assemblée qui, ainsi que l'avait prouvé chaque élection partielle, était en désaccord manifeste avec la nation ; vainement leur fut-il alors réprésenté que cette assemblée ne tirait ni des termes de son mandat, ni des circonstances de son origine, ni de la nature de ses préoccupations, ni de la manière dont elle était composée, les conditions requises pour faire une constitution viable, puisqu'elle n'avait reçu aucun mandat constituant, puisqu'elle était née du triomphe des envahisseurs de la patrie; puisqu'elle avait été convoquée en vertu d'une convention dont ils dictèrent les termes; puisqu'elle avait été réduite à la douleur de se réunir sous l'œil de l'ennemi victorieux; puisqu'il lui avait fallu acheter la paix au prix de cinq milliards et de deux provinces; puisqu'elle tremblait de quitter Versailles et de donner pour siège à la représentation de la France la ville française par excellence: Paris, tant elle croyait peu elle-même à sa force, à sa popularité, à son prestige! aucune de ces considérations ne l'emporta, dans l'esprit des membres du centre gauche, sur la crainte de voir sortir d'un appel au pays une République qui fût bien véritablement une République.

A cela rien de surprenant, de leur part: ce qui le serait davantage, ce serait la résolution qui fut prise par la gauche et l'extrême gauche d'entrer dans la même voie, si cette résolution ne s'expliquait par des circonstances dont il est équitable de tenir compte et par des motifs qui n'étaient pas sans valeur.

Et d'abord, les menées, de plus en plus actives, du parti bonapartiste; ses ramifications dans les départements, de plus en plus connues; l'audace croissante de son langage, ses récentes victoires électorales, faisaient sentir la nécessité de lui opposer une barrière légale assez forte pour le contenir.

La dissolution était chose assurément fort désirable; mais, d'une part, il ne suffisait pas de la désirer pour l'obtenir; et, d'autre part, était-il bien sûr qu'elle produisît les résultats qu'on avait espérés, si les élections avaient lieu sous la pression d'un régime représenté au ministère de l'intérieur par un bonapartiste: M. de Fourtou? Ne convenait-il pas, dès lors, pour arriver à des élections libres, de pousser à l'avènement d'un ministère centre gauche, lequel n'aurait pas recours, lui, à d'indignes manœuvres électorales?

Et puis, si l'on refusait de s'allier au centre gauche, n'avait-on pas à craindre qu'il ne s'unît au centre droit pour faire la monarchie? Ne valait-il pas mieux le rattacher à la République par un nouveau lien, et, en s'associant à lui dans le vote des lois constitutionnelles, fonder un régime dont le caractère définitif coupât court aux complots du bonapartisme et répondît à ce désir de sortir du provisoire qui tourmentait le pays?

Enfin, le meilleur moyen d'empêcher l'Assemblée de s'éterniser n'était-il pas de faire une Constitution qui lui en ôtât le prétexte?

Ces considérations, que je crois avoir exposées dans toute leur force, étaient sérieuses, mais combien elles étaient loin d'être décisives!

A ceux de nos amis qu'effrayaient les progrès du bonapartisme, on pouvait répondre par des faits incontestables; on pouvait leur rappeler que, depuis le 2 juillet 1871, il y avait eu vingt séries d'élections; que 191 députés avaient été nommés; que, sur ce nombre, 155 avaient été élus comme républicains, 21 comme monarchistes de diverses nuances, 4 comme légitimistes purs, et comme bonapartistes 4 seulement.

La prépondérance du parti républicain dans le pays était donc incontestable, et elle s'était affirmée, même sous le régime du 24 Mai, même sous l'administration des maires bonapartistes substitués par M. de Broglie aux maires républicains; car si, depuis la loi des maires, le bonapartisme avait eu la majorité dans 5 départements, 13 s'étaient prononcés avec éclat en faveur de la République.

Le motif tiré de l'avantage qu'il y aurait à porter au pouvoir les principaux membres du centre gauche reposait sur une supposition toute gratuite, et il était chimérique de baser sur cette supposition l'espoir d'un changement de politique. Alors même que les trois gauches, unies, auraient formé la majorité, il est douteux qu'il eût été en leur pouvoir de renverser par un vote le ministère. Il aurait fallu pour cela que les usages parlementaires fissent loi. Or, que s'était-il passé le lendemain de la séance du 8 juillet 1874? Dans cette séance, l'Assemblée, en rejetant un amendement de M. Pâris, avait condamné de la manière la plus formelle le ministère, que cet amendement tendait à couvrir, et les ministres sentirent si bien la gravité d'un pareil arrêt qu'ils offrirent sur le champ leur démission. Fut-elle acceptée? Nullement. Au vote qui les frappait le chef de l'Etat répondit, le 9 juillet, par un message qui notifiait à l'Assemblée qu'en lui donnant les pouvoirs dont il était investi, elle avait « voulu enchaîner elle-même sa souveraineté. » Il était donc tout au moins téméraire de compter, pour un changement de cabinet aboutissant à un changement de politique, sur une victoire parlementaire des trois gauches unies. Mais ce qui rendait, bien plus chimériques encore les espérances fondées sur cette union, c'est qu'elle ne suffisait pas pour donner une majorité. Non, il ne suffisait pas, pour le succès du plan proposé, que l'extrême gauche consentît à ne plus se distinguer de la gauche, et celle-ci du centre gauche : il était indispensable que les trois groupes, confondus, cherchassent, sous peine de rester minorité, des auxiliaires parmi les royalistes du centre droit. Et quoi de plus dangereux ? N'était-il pas évident que ces auxiliaires, dès qu'on ne pouvait se passer de leur appui, deviendraient les maîtres ? En recourant à eux pour organiser la République, n'allait-on pas se placer dans l'alternative, ou d'avoir à subir leur refus ou d'avoir à subir leurs conditions ? Ne devait-on pas s'attendre à ce qu'ils exigeassent, pour prix de leur concours, s'ils l'accordaient, l'honnenr de rédiger eux-mêmes le programme de la République à fonder ? Et qu'aurions-nous alors ? Une République faite par des royalistes, c'est-à-dire une maison construite par ceux qu'elle gênait, et construite en vue de sa démolition future ! Singulier moyen de sortir du provisoire que le définitif ainsi compris !

Quant à la crainte de pousser le centre gauche à se prononcer pour la monarchie, si l'on hésitait à s'unir avec lui inconditionnellement, et coûte que coûte, rien de moins fondé qu'une pareille crainte. Est-ce qu'en fait de restauration monarchique, quelque chose restait encore à tenter ? Quel prétendant pouvait attendre une couronne d'un vote de l'Assemblée ? Le comte de Chambord ? il s'était lui-même rendu impossible. Le fils de Napoléon III ? il n'avait dans la Chambre qu'une poignée de partisans avoués. Un prince d'Orléans ? c'eût été trop peu de l'alliance des deux centres pour le placer sur le trône, et il aurait eu contre lui une majorité certaine, formée des deux gauches républicaines, du groupe bonapartiste et de tous les légitimistes dont se composaient l'extrême droite et la droite.

Mais si l'Assemblée, réduite à l'impossibilité de constituer, s'éternisait ? Redouter une éventualité semblable, c'était supposer la Chambre versaillaise non-seulement assez folle mais assez forte pour se passer les plus extraordinaires fantaisies, pour insulter impunément à la raison, pour battre en quelque sorte monnaie avec sa propre impuissance, pour exaspérer l'opinion publique, pour condamner indéfiniment le pays à un provisoire ruineux, et armer de la sorte contre elle le commeree, l'industrie, le travail, tous les intérêts. Or, si l'on partait de cette hypothèse; si l'on croyait l'Assemblée déraisonnable et puissante à ce point de vouloir s'imposer à la France coûte que coûte et de le pouvoir, où puiser la certitude que, une fois les lois constitutionnelles votées, elle cesserait d'être animée d'un furieux désir de prolonger son existence ? Après comme avant, ceux que les arrêts prévus du suffrage universel effrayaient n'avaient-ils pas intérêt, ou à éloigner le moment de l'affronter, ou à le détruire ? Et qui les empêcherait de faire l'un ou l'autre, si on les supposait capables de tout et en état de tout oser ?

Rien ne nécessitait donc l'adoption de la politique inaugurée par le centre gauche ; et les motifs qui portèrent plusieurs de nos amis de l'Union républicaine à s'y associer étaient, selon moi, aussi peu concluants que leurs intentions furent respectables et pures.

Du reste, il faut bien le dire : il s'était formé, sous l'Empire, un parti républicain nouveau qu'avait séduit la politique des expédients et des compromis. Pendant que Victor Hugo, Edgar Quinet, Barbès, Ledru-Rollin, Madier de Montjau, Schœlcher, Charras, Louis Blanc, préféraient faire pacte avec l'exil qu'avec le Deux-Décembre, convaincus que nul *acte* ne surpasse la portée de celui qui consiste à imprimer la flétrissure d'une protestation inflexible à la violation du droit et à enfoncer de la sorte dans les esprits l'idée de ce qu'il a d'inviolable, on avait entendu des républicains, hommes très honorables d'ailleurs et très sincères, dire que pour agir il fallait avoir la main dans les affaires publiques et ne pas se montrer dès lors trop difficile sur les conditions ; qu'il valait mieux plier que rompre ; qu'un serment prêté à l'Empire avec une arrière-pensée connue de tout le monde, était une formalité vaine ; qu'avoir l'air de se soumettre à la tyrannie pouvait conduire à la déjouer. Comme si c'était un bon moyen de déjouer la tyrannie que de lui rendre hommage, fût-ce un hommage simulé ! Comme si l'on ne s'exposait pas, au contraire, à l'entourer d'un fatal prestige par l'aveu des subterfuges auxquels il lui est donné de réduire les gens de cœur qui la détestent ! Mais c'est le propre du pouvoir absolu, quand il dure, de transformer insensiblement le caractère de la résistance qu'on lui oppose. Dans les heures troubles qu'il amène, la vive perception du vrai s'émousse ; les meilleurs esprits, les âmes les plus droites s'efforcent de croire qu'être flexible c'est être pratique ; on se persuade qu'on luttera mieux contre le mal, si l'on a l'air de traiter avec lui, et l'on ne s'aperçoit pas que cette façon de le combattre le fortifie.

Sous ce rapport comme sous tant d'autres, l'influence de l'Empire lui avait survécu. La politique des compromis fit naturellement suite à la politique des assermentés. Les voix qu'on écouta le plus furent celles qui insistaient le plus sur la nécessité de faire de la tactique. Peu à peu on en vint à envisager les questions au point de vue des victoires à remporter dans les batailles du scrutin plutôt qu'au point de vue de l'effet moral à produire sur l'opinion publique et de la direction à lui imprimer. La crainte d'être en trop petite minorité et de le paraître empêcha plus d'une fois la dénonciation d'abus dont on s'indignait ou la revendication de droits manifestement violés. La stratégie parlementaire acquit une importance que, jusqu'alors, elle n'avait jamais eue, et, comme toute stratégie a besoin, pour réussir, d'un mot d'ordre auquel on obéisse ponctuellement et avec ensemble, le mot *discipline* passa du vocabulaire des armées dans celui des mandataires du peuple; les votes dans l'Assemblée furent de plus en plus soumis au joug d'une consigne ; de plus en plus la conduite des députés fut asservie à un plan convenu ; la politique, avant de se montrer à la tribune, dut ramper dans l'ombre des couloirs ; et le respect de la discipline fut prêché avec autant d'ardeur que l'avaient été autrefois le respect de la vérité, le respect de la justice. Il résulta de là que la puissance de l'initiative individuelle se trouva considérablement diminuée et mise hors d'état de lutter contre l'autorité des décisions prises en commun par les bureaux des différents groupes.

Encore si, dans ces décisions, la part faite à l'Union républicaine avait été proportionnée au nombre des membres dont elle était composée ! Mais non : les républicains les plus anciens, les plus connus, les plus décidés étant ceux qui pouvaient le moins se faire écouter d'une majorité monarchique, ce fut à eux qu'incomba, suivant les règles de la stratégie parlementaire, le devoir de s'amoindrir, de s'effacer, de se taire, de marcher à la suite. Quiconque, par ses opinions, appartenait à l'avant-garde dut, à cause de cela même, se traîner à l'arrière-garde, sous peine d'être accusé d'avoir enfreint la discipline on d'être réprouvé comme déserteur.

Et voilà comment l'extrême gauche alla se perdre dans la gauche, qui alla se perdre dans le centre gauche, qui finit par aller se perdre dans le centre droit.

Mais y avait-il pour l'Union républicaine possibilité d'adopter une politique autre que celle où elle s'engagea?

Pour résoudre la question, il suffit de remarquer que l'Union républicaine ou extrême gauche ne comprenait pas moins de 90 membres et la gauche pas moins de 143 ; que ces deux groupes réunis pesaient par conséquent d'un poids très considérable dans la balance des votes ; que le centre gauche ne pouvait rien sans leur concours. Et alors même que l'action de l'Union républicaine aurait dû rester isolée, l'importance de ce groupe ne l'autorisait-elle pas à faire ses conditions et à dire au centre gauche :

« Vous n'ignorez pas quels sont nos principes.

Il n'est pour nous qu'un souverain : la nation. A personne nous ne reconnaissons le droit de disposer d'elle, en dehors d'elle et sans elle. Si l'Assemblée réclame le pouvoir constituant, qu'elle montre son mandat ! Mais si aucun mandat de ce genre ne lui a été donné, elle ne saurait prendre sur elle de régler les destinées du peuple sans qu'il y ait confiscation de la souveraineté du peuple. Cela, nous l'avons dit du haut de la tribune, non pas une fois, mais vingt fois, et de façon à être entendus de la terre entière : ne nous demandez pas de l'oublier ! Vous voulez la République. Nous la voulons. Sur la meilleure manière de l'organiser, nous n'avons pas la prétention de vous imposer nos vues : ne cherchez pas à nous imposer les vôtres. Que la nation juge. Il n'y a qu'une issue aux difficultés qui nous pressent, qu'un remède aux maux qui nous tourmentent, qu'une sauvegarde contre les périls qui nous assaillent, qu'un moyen vraiment efficace d'en finir avec ce provisoire qui met la France en émoi et la ruine : c'est l'appel au pays. Vous l'avez reconnu, le jour où, de concert avec nous, vous avez voté la dissolution. Continuons à rester unis dans la poursuite de ce but. Voilà un genre d'union qui ne commande aucun sacrifice de conscience, qui n'implique aucun amalgame d'idées inconciliables, qui n'entraîne aucune immolation de principes. Il nous mènera rapidement au succès. A quoi tient la dissolution ? A un déplacement de quinze voix. Comment douter que ce résultat ne soit obtenu, si, au lieu de nous accorder pour faire organiser une République par des royalistes, nous unissons nos efforts pour ôter à l'Assemblée actuelle toute raison d'être et pour créer dans le pays, sur la nécessité d'en convoquer une nouvelle, une de ces *agitations*, strictement légales et d'autant plus puissantes, auxquelles l'Angleterre a dû tant de pacifiques victoires ? Une fois placée, comme l'écrivait un journal que vous ne désavouerez pas, entre la dissolution et le néant il faudra bien que la Chambre choisisse. Que si vous préférez à cette politique celle qui consiste à ne pas plus consulter le pays que s'il n'existait pas, dans la suprême question de la République à fonder, nous vous déclarons qu'il nous est impossible de nous risquer avec vous sur cette pente : d'abord, parce que nos principes, si solennellement et si souvent proclamés, nous le défendent ; et ensuite, parce qu'il nous semble aussi absurde de demander la République à une Assemblée monarchique qu'il le serait de demander des oranges à un poirier. »

Le centre gauche aurait-il fermé l'oreille à ce langage ? Il ne l'aurait pu sans mettre contre lui l'opinion publique et sans s'annuler comme groupe parlementaire, l'adhésion de *l'Union républicaine* étant indispensable pour la formation d'une majorité de gauche.

Quoi qu'il en soit, l'Union républicaine aurait dû, selon nous, faire ses conditions, au lieu d'accepter celles qu'on lui faisait ; au lieu d'aller au centre gauche, elle aurait dû attendre que le centre gauche vînt à elle, ou, du moins, qu'il fît la moitié du chemin. Et même en admettant qu'il ne s'y fut pas décidé, la situation, ainsi qu'on le verra par la suite de cet exposé, eût été infiniment meilleure.

VIII

Ce fut le 21 janvier 1875 que les propositions de la commission des Trente, relatives à l'organisation des pouvoirs publics, furent soumises à l'Assemblée par M. de Ventavon.

Pour exprimer tout ce qui se peut imaginer de ridicule, un mot fut inventé qui vola de bouche en bouche, au milieu des risées : le ventavonat.

Et pourquoi ? Etait-ce seulement parce que le ventavonat renvoyait au 20 novembre 1880 le moment de « statuer sur les résolutions à prendre », et prolongeait de la sorte notre halte dans le provisoire ? Ah ! l'opinion républicaine trouvait à ce projet bien d'autres vices. Où donc voulait-on en venir avec cet article 2 du projet, qui donnait au maréchal, président de la République, l'irresponsabilité ; et avec cet article 4, qui lui conférait le droit de dissoudre l'Assemblée des représentants du peuple; et avec cet article 5, qui ne reconnaissait qu'à lui le droit de provoquer la révision de la Constitution ? Mais tout cela c'était la monarchie !

Ainsi parlaient les républicains, et M. Emile Lenoël fut vivement applaudi par ses collègues de la gauche et de l'extrême-gauche lorsque, dans la séance dont il s'agit, il prouva :

Que l'irresponsabilité ayant pour unique but d'assurer la stabilité d'une institution héréditaire, elle constituait, dans une République, un privilège absolument incompréhensible ;

Qu'il en était de même du droit de dissoudre l'Assemblée, livré au chef de l'Etat, droit très concevable dans une monarchie, où le pouvoir du chef de l'Etat est indépendant de celui de l'Assemblée, mais monstrueux dans une République, où c'est tout le contraire ;

Et que, pour ce qui est du droit de révision, il doit appartenir à la nation et non pas à un homme, puisque ce n'est pas dans l'intérêt d'un homme mais dans l'intérêt de la nation que le droit de révision est établi.

Eh bien ! qui jamais s'y serait attendu ? le 25 février, moins d'un mois après, ceux qui applaudissaient M. Emile Lenoël, et M. Emile Lenoë lui-même, votaient une Constitution qui confère à un président de la République le privilège de l'irresponsabilité, lui attribue le droit de dissoudre la Chambre des députés, sur l'avis conforme du Sénat, et dispose que, pendant la durée des pouvoirs du maréchal de Mac-Mahon, la révision ne pourra avoir lieu que s'il lui plaît de la proposer!

De fait, si l'on rapproche du texte lu par M. de Ventavon dans la séance du 21 janvier 1875 le texte de la loi d'organisation des pouvoirs publics votée dans la séance du 25 février 1875, on se convaincra que la République, telle que nous la verrons sortir de ce vote, n'est guère autre chose que le ventavonat revêtu d'un caractère définitif.

Comme le ventavonat, la Constitution du 25 février allait admettre la division du pouvoir législatif entre deux Assemblées, une Chambre des députés et un Sénat.

Comme le ventavonat, la Constitution du 25 février allait déclarer le chef de l'Etat responsable dans le cas de haute trahison seulement.

Comme le ventavonat, la Constitution du 25 février allait investir le pouvoir exécutif du droit de dissoudre la Chambre des députés, ou, en d'autres termes, investir le mandataire du droit de révoquer le mandant.

Comme le ventavonat, la Constitution du 25 février allait faire dépendre de la volonté du maréchal de Mac-Mahon, jusqu'en 1880, la révision des lois constitutionnelles.

Entre les deux conceptions, la différence est que la première s'arrête à 1880, tandis que la seconde ne s'arrête nulle part. La différence est que la Constitution du 25 février tend à rendre définitives les brèches que le ventavonat ne faisait que provisoirement aux institutions républicaines. La différence est que des attributions monarchiques, conférées par le ventavonat au président d'alors, la Constitution du 25 février forme l'apanage de tous les présidents à venir. Mais n'anticipons pas.

La loi du 20 novembre 1873, qui avait prorogé pour sept ans les pouvoirs du maréchal de Mac-Mahon, était-elle une loi constitutionnelle, et, par conséquent, irrévocable ? Cette question se trouvait résolue affirmativement dans le rapport présenté au nom de la commission des Trente. « Ce n'est pas une constitution que je viens vous apporter de sa part », disait M. de Ventavon, « ce nom ne convient qu'aux institutions fondées pour un avenir indéfini : il s'agit simplement aujourd'hui d'organiser les pouvoirs d'un homme. »

Là fut le point de départ d'une discussion qui, en faisant tomber tous les voiles, montra combien peu l'Assemblée était capable d'exercer utilement pour la France le pouvoir constituant.

Le signal du combat fut donné, dans la séance même du 21 janvier, par M. de Carayon-Latour, et la lutte reprise, dans la séance du 22, par M. Lucien Brun.

Eh quoi ! l'on prétendait donner le caractère d'un acte constitutionnel, d'un acte irrévocable, à la simple prorogation de l'autorité conférée au maréchal de Mac-Mahon ! Eh quoi ! l'on prétendait que, si Henri V se présentait pour occuper le trône de ses ancêtres dans un an, dans six mois, dans un mois, on serait bien venu à lui dire, la loi du 20 novembre à la main : « Repassez à l'expiration du septennat » ! Oh ! ce n'était pas de la sorte que les légitimistes avaient compris la loi du 20 novembre ; ils n'avaient pas entendu, en la votant, fermer la porte à la monarchie.

Voilà ce que M. de Carayon-Latour et M. Lucien Brun déclarèrent l'un après l'autre, non-seulement d'une manière formelle, mais avec émotion. « Nous aimons trop notre pays, dit le premier, pour renoncer jamais au rétablissement de la monarchie ; » et le second compara la race royale à « ces grands arbres qui ont jeté dans le sol de si profondes racines que, lorsque le souffle de l'ouragan les renverse, ils creusent, en tombant, un abîme que rien ne peut combler. »

Cela revenait, de la part des légitimistes, à dire qu'en leur faisant voter la loi du 20 novembre, les orléanistes les avaient trompés. M. de Broglie releva le gant. Il affirma que le sens de la loi avait été parfaitement clair dès le premier jour ; que l'Assemblée avait voulu donner à la France, par la prorogation des pouvoirs du maréchal de Mac-Mahon, sept années de sécurité, et que personne, sous aucun prétexte, n'était reçu à en abréger d'un jour la durée. M. Bérenger, lui, mit en question la bonne foi des chevaliers du trône et de l'autel par cette vive image : « Pour nous, le septennat doit être une réalité, non une lettre vaine ; pour nous, le septennat doit cesser d'être un rideau tendu devant la statue inachevée, et destiné à tomber à ses pieds le jour de l'inauguration. »

Ce qui ressortait de ce débat, c'est que la politique des monarchistes de toutes nuances n'avait été faite que d'arrière-pensées et d'équivoques. Divisés dans leurs aspirations, animés de sentiments contraires, adorateurs de dieux rivaux, ils avaient paru marcher d'accord, tant qu'ils avaient marché dans l'ombre ; mais, dès que le jour avait lui, il était devenu manifeste qu'ils n'avaient cherché qu'à se duper les uns les autres.

Et ceux-là aussi, dans la séance du 22 janvier, laissèrent glisser leur masque qui s'étaient donnés pour des royalistes à demi-convertis. Sur la liste des députés par qui la Constitution du 25 février fut votée, nous trouverons le nom d'un des membres les plus influents du centre droit, de l'orléaniste Bocher. Eh bien, à un éloquent tableau des abus des misères de la monarchie, tracé par M. Jules Favre, M. Bocher répondit : « Trois fois la République s'est établie en France, trois fois elle s'est établie dans le désordre et dans le sang. » Il poursuivit sur ce ton, la figure pâle, d'une voix altérée par la colère, et dans un état d'agitation que trahissait de reste la violence de ses gestes. Comme il reprochait amèrement à M. Jules Favre d'avoir choisi, pour faire son procès à la monarchie, le lendemain du 21 janvier, date de l'exécution de Louis XVI, M. Edouard Lockroy et M. Henri Brisson lui crièrent du pied de la tribune : « La mort de Louis XVI a été votée par Philippe-Egalité, le père de votre roi. »

Après cela, fallait-il passer à une seconde délibération ? Gauche, centre gauche, droite et centre droit votèrent *pour*. Quant à l'Union républicaine, elle vota presque toute entière contre, ainsi que MM. Emmanuel Arago, Wilson et Jules Grévy.

IX

Il faut avoir assisté à cette séance du 22 janvier 1875 ; il faut y avoir vu l'animation des visages ; il faut y avoir entendu les interruptions haineuses qui, à chaque instant, coupaient la parole aux orateurs, les exclamations bruyamment échangées, la fureur des applaudissements mêlée à la fureur des murmures, pour avoir une idée du profond désordre que l'Assemblée d'alors portait dans ses flancs. M. Edouard Lockroy rendit fort bien l'impression qui devait résulter pour tous de semblables scènes, lorsque dans le *Rappel* du 25 janvier, il écrivit : « Voici donc aujourd'hui l'état des partis — un parti légitimiste qui veut tenir la porte ouverte au coup d'Etat ; un parti orléaniste qui veut condamner à mort le gouvernement qu'il invente ; un parti de transaction qui désire renverser le gouvernement qu'il consent à établir ; un parti républicain qui n'a point la majorité ; un parti bonapartiste qui cherche à aggraver le désordre. Et c'est avec ces éléments-là qu'on veut donner une Constitution à la France ! Nous le disons pour la centième fois, mais nous le disons avec plus de conviction que jamais : la dissolution. »

L'anarchie intellectuelle qui régnait dans l'Assemblée et que la séance du 22 janvier venait de mettre si vivemeut en relief ne fut pas accusée d'une manière moins frappante dans la séance du 25.

La commission des Trente avait nommé deux rapporteurs : l'un, M. de Ventavon, pour ce qui concernait la question de la transmission des pouvoirs ; l'autre, M. Antonin Lefèvre-Pontalis, pour ce qui avait trait à la question des deux Chambres.

Or, il y avait une contradiction flagrante entre les déclarations du premier rapporteur et celles du second.

M. de Ventavon, comme on l'a vu, avait dit, au nom de la commission des Trente, qu'il s'agissait « d'organiser simplement les pouvoirs d'un homme, » sauf à décider ce qui serait à faire quand cet homme ne serait plus là.

M. Lefèvre-Pontalis, au contraire, proposait, au nom de la même commission, d'organiser le Sénat d'une façon permanente, en donnant au président de la République le droit de nommer des sénateurs inamovibles et par conséquent investis d'une autorité destinée à survivre au président de la République lui-même.

M. Bardoux, dans la séance du 22 janvier, fit ressortir cette contradiction avec beaucoup de force et montra combien il était nécessaire, avant d'examiner les choses à fond, de mettre d'accord les deux rapports.

Mais cela n'était pas facile, parce qu'ils répondaient à deux ordres de préoccupations entièrement opposés.

La droite et le centre droit visaient à la création d'un Sénat, et, sur ce point, ils s'entendaient à merveille avec le centre gauche et une fraction considérable de la gauche ; mais ils auraient désiré qu'on se bornât à voter le principe des deux Chambres, afin de rester libres de voter la monarchie au moment opportun. Ils insistaient donc pour que les deux rapports fussent discutés séparément, et, surtout, pour que la priorité fût donnée au rapport relatif à la question des deux Chambres.

Tel n'était pas l'avis du centre gauche, qui, ne voyant pas de roi disponible, avait pris son parti de se rattacher à la République, pourvu qu'elle fût entourée d'institutions monarchiques.

Non moins grande était la division des esprits sur le mode d'organisation à adopter pour le Sénat, parmi ceux qui en voulaient d'un commun accord l'établissement.

La commission des Trente, où la droite et le centre droit étaient représentés par vingt-cinq membres et où les gauches ne comptaient que cinq des leurs, avait, dans son projet de loi, composé le Sénat de trois éléments bien distincts : d'abord, des sénateurs de droit ; puis, des sénateurs nommés par le président de la République ; et enfin, des sénateurs élus par un corps d'électeurs privilégiés.

Eh bien ! cette combinaison bizarre, qui trouvait grâce auprès des royalistes, était loin de convenir à ceux des républicains qui, comme M. Jules Simon, tenaient cependant pour les deux Chambres.

Toutes ces divergences, la séance du 25 janvier les révéla, en les accentuant.

M. Laboulaye ayant très bien démontré qu'on ne pouvait faire un Sénat sans savoir dans quelle forme de gouvernement on le placerait, si ce serait dans un gouvernement monarchique ou dans un gouvernement républicain, et le centre gauche ayant affirmé à l'unanimité, dès le 18 décembre 1874, sa résolution de n'examiner aucun projet de loi particulier avant qu'il eût été statué sur un projet d'ensemble, l'Assemblée s'était décidée à faire passer la loi sur la transmission des pouvoirs, qui était plus générale, avant la loi sur l'organisation d'une seconde Chambre. M. de Ventavon venait de présenter son rapport ; à M. Lefèvre-Pontalis de présenter le sien.

Un moment on put croire que, sur ce dernier rapport, personne, dans la séance du 25 janvier, ne prendrait la parole et que les orateurs se réserveraient pour la deuxième délibération. « Le projet de loi n'est pas attaqué », dit M. Lefèvre-Pontalis ; « j'attendrai qu'il le soit pour le défendre. »

Le président allait consulter l'Assemblée sur le point de savoir si elle entendait passer à la deuxième délibération, lorsque M. Jules Simon s'écria vivement : « Je demande la parole. » M. Raoul Duval s'était fait inscrire : ce fut lui qui monta tout d'abord à la tribune.

Chose remarquable ! Il lui fut possible de revenir à la thèse de la dissolution, sans soulever des murmures, tant l'Assemblée paraissait prête à céder au sentiment de son impuissance !

Mais M. Antonin Lefèvre-Pontalis la ramena bien vite à la pensée de son rôle constituant. C'était la création d'un Sénat qu'il venait proposer, et que devait être un Sénat ? M. Lefèvre-Pontalis ne manqua pas de le présenter comme une digue opposée aux débordements du suffrage universel. Il ajouta :

« Ceux qui, dans cette Assemblée, veulent rétablir la monarchie, savent bien qu'une seconde Chambre est une institution qui se rapproche de la monarchie plutôt qu'elle ne s'en éloigne. Pourquoi donc s'y opposeraient-ils ? »

Rien n'était plus propre qu'un tel langage à toucher les royalistes. Mais si l'orateur disait vrai — et il disait vrai — combien il devait mettre à la gêne les républicains assez inconséquents pour s'accommoder d'une institution aussi contraire à leur principe !

M. Jules Simon sentit le coup ; et, pour le parer, il se hâta de déclarer que, s'il voulait un Sénat comme M. Lefèvre-Pontalis, il le voulait autrement organisé. Il n'admettait pas « que des sénateurs fussent nommés par un magistrat temporaire et conservassent le droit de faire des lois concurremment avec les élus de la volonté populaire, alors que celui qui les aurait choisis aurait lui-même disparu. »

Quant à ce droit de constituer qu'on avait

contesté à l'Assemblée, M. Jules Simon, lui, le reconnaissait. Seulement, il pensait que la Constitution faite, le mandat des représentants serait épuisé.

A ces mots, des exclamations en sens divers se font entendre. Le spectre de la dissolution venait d'apparaître. Il fut décidé que, sur le projet de loi et les propositions concernant la création et les attributions d'un Sénat, on passerait à une seconde délibération.

M. Gambetta et ses amis ayant voté *contre*, tandis que M. Casimir-Perier et les siens votaient *pour*, il est clair qu'à ce moment-là les premiers étaient loin de regarder comme indispensable au salut de la République leur alliance avec le centre gauche sur le terrain des deux Chambres. Trois jours, il ne fallut que trois jours — on va le voir — pour les faire changer d'opinion !

X

Le premier effort du centre gauche pour jeter la République dans le moule du ventavonat définitif se produisit dans la séance du 28 janvier 1875, lors de la seconde délibération sur les projets de loi relatifs à l'organisation des pouvoirs publics.

Cette délibération s'ouvrit par un discours que M. Alfred Naquet prononça en faveur d'un contre-projet présenté par lui-même.

Le pouvoir législatif exercé par une assemblée unique ; — le pouvoir exécutif confié à un président du conseil sans portefeuille, responsable devant la Chambre, élu et révocable par elle, — les ministres privés du droit de faire partie de la Chambre, — les modifications à la loi constitutionnelle et à la loi électorale soumises à la ratification directe du suffrage universel : telle était la teneur du contre-projet de M. Alfred Naquet. Il n'eut pas de peine à en démontrer excellemment les avantages. Mais il avait voté la proposition Casimir-Perier, négation formelle de ce qu'il venait maintenant demander, et, par le seul fait de la présentation de son contre-projet, il reconnaissait à la Chambre un pouvoir constituant qu'il avait été parmi nous un des plus ardents à lui refuser. En fallait-il davantage pour que sa parole, en cette occasion, manquât d'autorité ? Son amendement ne fut pas accepté par la Chambre, et M. Edouard Laboulaye s'empressa de monter à la tribune, pour en soutenir un autre, ainsi conçu : « Le gouvernement de la République se compose de deux Chambres et d'un président. »

C'était la proposition Casimir Perier ressuscitée.

Ceux qui l'avaient mise en avant n'en pressaient l'adoption que parce qu'ils y voyaient l'avantage de contenir la République au moyen d'un Sénat et de garder au moyen d'un président non révocable tout ce qu'ils pouvaient garder de la monarchie. Mais ils avaient affirmé si bruyamment et si souvent répété qu'il s'agissait de faire la République, qu'on avait fini par le croire et par oublier que, comme forme de gouvernement, elle se trouvait déjà établie, lorsqu'ils parlaient tant de l'établir !

De là une confusion d'idées qui eût été risible si elle n'eût été lamentable. La discussion, au lieu de porter sur la question de savoir si un Sénat et un président non révocable étaient choses désirables, avait porté sur la question de savoir lequel valait mieux d'un gouvernement républicain ou d'un gouvernement monarchique ; de sorte que, dans le pays comme à la Chambre, on en était venu à faire dépendre l'existence de la République de l'adoption d'un projet conçu pour la brider !

M. Laboulaye se garda bien de dissiper ce malentendu. A l'appui de sa proposition : « Le gouvernement de la République se compose de deux Chambres et d'un président, » il prononça un discours, très étudié, dans lequel il était à peine question de la présidence et des deux Chambres. En revanche, et quoi qu'il eût commencé par dire que nous vivions en République, il insista longuement sur la nécessité de pourvoir à la sécurité de tous par l'établissement de la République. Selon lui, un gouvernement était indispensable, non pour l'année 1880, mais pour l'année 1875 ; et qui pouvait donner ce gouvernement ? Les légitimistes ? Il était impossible que la vieille monarchie, dont leur roi était le chef, renaquît de ses cendres. Les orléanistes ? Ils n'avaient pas en ce moment de roi capable de réaliser la formule de gouvernement qu'ils rêvaient. Les bonapartistes ? Un pouvoir qui reviendrait après la défaite de Sedan ne pourrait donner ni liberté ni sécurité. On était donc forcément ramené à la République.

Et M. Laboulaye s'attacha à montrer comme quoi le régime républicain était conciliable avec le respect de la propriété, de la famille et de la religion. Pourquoi hésiter ? Il fallait voter pour la République.

Il était difficile de mieux masquer la portée véritable du vote qu'on sollicitait.

Toutefois, M. Laboulaye, dans un passage de son discours, avait imprudemment laissé percer le fond de sa pensée. S'adressant aux orléanistes, ils les avait priés de remarquer qu'après tout la différence était bien petite entre la monarchie telle qu'ils la voulaient et la République telle que sa proposition tendait à l'organiser. Les membres de l'Union républicaine ou extrême gauche pouvaient juger par là du genre de République auquel on entendait les conduire. Mais leur parti était pris ; sous l'influence des considérations que j'ai exposées plus haut, sans dissimuler ce qu'elles avaient de sérieux et d'honorable, ils s'étaient risqués sur le terrain des lois constitutionnelles, et leur alliance avec le centre gauche allait recevoir la consécration du scrutin. La politique de la dissolution, celle que l'Union républicaine avait si longtemps défendue, celle qui consistait à ne pas remplacer par la souveraineté de l'Assemblée la souveraineté de la nation, ne comptait guère plus pour partisans décidés que MM. Edgar Quinet, Peyrat, moi, et deux de nos collègues que les élections complémentaires des 14 décembre 1873 et 8 novembre 1874 avaient envoyés à la Chambre, MM. Marcou et Madier de Montjau. Quant à M. Ledru-Rollin, il ne pouvait plus, hélas! se joindre à nous. Le 31 décembre 1874, la mort nous l'avait enlevé.

Terrible situation que la nôtre ! Nous n'avions pas réussi à faire partager notre opinion à nos amis ; la question était trop grave pour qu'il nous fût permis d'accepter la leur par simple sentiment de déférence : nous résolûmes de faire connaître au pays ce qui nous paraissait être la vérité, et je fus chargé de porter à la tribune l'expression de nos convictions communes.

Non, je n'oublierai jamais ce que me valut l'accomplissement de ce cruel devoir. J'avais à peine ouvert la bouche que des interruptions violentes partirent... de quels bancs? de ceux de la gauche!... « Assez, assez! » criaient les uns; « Aux voix! à demain! » criaient les autres. La clôture ayant été prononcée, c'était sur la position de la question que j'avais demandé et obtenu la parole : « Il n'y a pas de position de question, » criait M. Ernest Picard. Le président eut beau réclamer le silence et prévenir l'Assemblée que j'avais seulement quelques mots à dire; j'eus beau invoquer la liberté de la tribune : il semblait y avoir résolution arrêtée d'étouffer ma voix. Je ne pus m'empêcher de dire, le visage tourné vers les interrupteurs : « Comment! vous voulez la République, et vous ne voulez pas la liberté! » Le bruit allait croissant. Les hommes de la droite triomphaient, et, le sourire sur les lèvres, ils jetaient au milieu du tumulte cette exclamation railleuse : « Ce sont vos amis qui vous empêchent de parler! » Je ne pus parler en effet qu'en phrases à chaque instant rompues dont quelques-unes restèrent inachevées, et j'eus la plus grande peine, même de la sorte, à atteindre la fin de la très courte allocution que voici :

« La manière dont la question vient d'être posée est de nature à rendre impossible le vote de ceux qui, comme mes honorables amis Edgar Quinet,

Peyrat, Madier de Montjau, Marcou, d'autres, et moi-même, sont convaincus que la création d'une seconde Chambre par cette Assemblée serait funeste à la République, et que si, en 1848, l'amendement de M. Jules Grévy avait été adopté, nous n'aurions pas eu le 2 décembre. Si les auteurs du présent amendement, comme j'en suis persuadé, ont pour but d'affermir la République, je me demande pourquoi ils n'ont pas posé la question de cette sorte : « Art. 1er. Le gouvernement de la France est la République. » « Art. 2. Il se compose de deux Chambres. » Alors la conscience de tous eût été parfaitement à l'aise. Ceux qui, comme nous, pensent que la République ne doit pas être mise aux voix, parce qu'elle ne doit pas être mise en question, n'ont qu'à exprimer ici à cet égard leur conviction profonde. Mais ils ont le droit de se plaindre qu'on ait lié deux idées qui auraient dû être détachées l'une de l'autre, de telle sorte qu'on ne nous demandât point de voter ce que nous ne voulons pas, sous peine de paraître repousser ce que nous voulons. Cette position, notre conscience nous interdit de l'accepter, et nous ne l'acceptons pas. »

La clôture avait été prononcée avant que j'eusse pris la parole. Il n'y avait plus qu'à consulter l'Assemblée sur l'amendement Laboulaye. Elle renvoya la décision au lendemain.

On n'imaginerait jamais le parti que tirèrent

de ce renvoi ceux qui s'étaient unis pour faire passer de la nation à la Chambre le pouvoir constituant.

La remise du vote au lendemain avait été adoptée, sur la demande des adversaires de la proposition Laboulaye. La majorité était donc de leur côté et l'on pouvait prévoir à coup sûr qu'ils l'emporteraient, ce qui arriva en effet, comme on va le voir. Triste perspective pour les partisans, anciens et nouveaux, du système dont cette proposition était le point de départ! Car, puisqu'ils avaient fait croire que, si elle passait, la République était sauvée, on devait croire, si elle était repoussée, que la République était perdue. D'où cette conséquence qu'au point de vue de la pratique aussi bien qu'au point de vue des principes, ils s'étaient engagés dans une mauvaise voie.

Que firent-ils pour donner le change à l'opinion ? Ils prétendirent que le discours de M. Laboulaye avait produit une impression irrésistible; que si l'Assemblée avait voté sous le coup de cette impression, leur cause était gagnée; qu'ils auraient eu ce jour-là certainement la majorité qui risquait de leur échapper le lendemain, et que c'était mon intervention inopportune dans le débat qui, en donnant à la droite le temps de se concerter, avait tout compromis.

Et ce ne furent pas seulement les organes de la gauche et du centre gauche qui tinrent ce langage.

Personne plus que M. Gambetta n'avait travaillé à faire abandonner aux membres de l'Union républicaine la politique qui fut si longtemps la sienne et la leur. Personne, par conséquent, n'était plus intéressé que lui à détourner sur autrui la responsabilité de la défaite prévue. L'article qu'on va lire — il mérite d'avoir place dans l'histoire des passions et des injustices de parti — fut-il suggéré par M. Gambetta, ou écrit à son insu? Je l'ignore. Toujours est-il qu'il fut publié dans un journal connu pour suivre ses inspirations : la *République française* :

Au moment de voter comme tous ses collègues républicains de l'Assemblée, M. Louis Blanc nous a dit qu'il était assailli de scrupules de conscience. Il n'est partisan ni du système des deux Chambres, ni de la magistrature suprême que l'on désigne sous le nom de présidence de la République. De là ses réclamations contre l'amendement présenté et développé par M. Laboulaye. Il aurait voulu la division ; il aurait souhaité que l'on introduisît une distinction entre le principe de la République — et encore n'est-il pas bien sûr qu'il eût consenti à donner sa voix, sous le prétexte qu'un tel principe ne saurait être mis en question — et les organes et conditions du gouvernement de la République. M. Louis Blanc n'a pu vaincre les scrupules dont il se sentait troublé ; il a tenu à parler, malgré ses amis, qui lui criaient qu'il aurait mille autres occasions de se satisfaire.

Envers et contre tout son parti, M. Louis Blanc a occupé la tribune. Tout entier à son opinion personnelle, il n'a pas vu ce qui se passait dans les rangs des adversaires de la République qui sont les siens. Il leur laissait le temps de se concerter, de reformer leurs rangs, de reprendre confiance en leur cause, d'arrêter un plan de conduite et de recruter le nombre qu'il leur fallait pour le mettre à exécution. De tels détails échappent à M. Louis Blanc. Les yeux sans cesse fixés sur ce qu'il appelle les principes, il demeure étranger aux mouvements d'opinion qui se produisent. Il ne les aperçoit ni ne les saisit. Il va droit devant lui, sans se soucier de rien ni de personne. C'est ainsi que je pense ; je me dois à moi-même de le dire : arrive ce qui pourra, ma conscience sera satisfaite. Et c'est ainsi que l'on perd les occasions favorables et, qu'en dix minutes, on tient en échec la politique de tout un grand parti qui travaille depuis plus de deux ans à obtenir des résultats dont on n'est pas même capable de soupçonner l'importance ! C'est ainsi que l'on se jette tête baissée, contre toutes les règles, et en dépit de tous les avis et de tous les conseils, dans une mêlée où l'on ne sait pas se reconnaître, sans même comprendre de quoi il s'agit ni pourquoi ; tout grand esprit que l'on se juge, l'on commet des fautes qu'un novice, un conscrit ne commettrait pas.

On nous pardonnera la vivacité de ce langage ; mais ce qui est arrivé hier n'est que trop fait pour la justifier. D'ailleurs, puisque M. Louis Blanc invoque sa conscience, nous demandons la permission et nous usons du droit d'invoquer la nôtre. C'est la prétention de l'honorable M. Blanc de ne céder devant rien que sa conscience n'approuve. Nous ne voyons pas pourquoi nous imposerions silence à la voix qui nous crie de l'avertir qu'il se trompe quand il se croit supérieur à tout le reste d'un parti qu'il se vante volontiers de servir, et qui, à la place de ses services, ne voit guère que ses fautes. Si M. Louis Blanc consentait à prendre pour juge de ses résolutions qui que ce soit au monde, peut-être consentirions-nous, en considération de son passé, de la constance de ses opinions républicaines et de l'éclat de son nom longtemps célébré dans la démocratie, à en référer à ce juge qu'il accepterait.

Mais avec M. Blanc cette ressource nous manque et nous ne pouvons pas appeler des décisions que sa conscience a rendues. A sa conscience, force nous est d'opposer la nôtre. Puisqu'il veut agir seul, nous le jugerons seul et abstraction faite de tout intérêt de parti. De quel droit prétendrait-il nous imposer le respect de ce qu'il pense, de ce qu'il dit et de ce qu'il fait, puisque l'intérêt du parti ne vient qu'après l'intérêt de la conscience de M. Blanc? Serait-ce parce qu'il s'appelle Louis Blanc? Nous n'acceptons pas plus que le reste de la démocratie républicaine cette mainmise hautaine sur nos intelligences. Personne ne peut convaincre M. Blanc? A quel titre prétendrait-il nous convaincre lui-même? Peut-être nous dira-t-il que sa conscience lui suffit? Il se peut qu'il aime à se payer de cette monnaie de son propre orgueil. Mais alors pourquoi se jette-t-il dans une action politique difficile, compliquée, où rien n'est possible qui ne soit inspiré de l'esprit d'abnégation?

M. Louis Blanc se targue d'être un esprit absolu. Ce n'est pas un mérite à nos yeux, non plus qu'à ceux qui connaissent et qui éprouvent toutes les difficultés de la vie publique; et nous qui faisons profession, en toutes matières, d'éliminer l'absolu comme chimérique et inaccessible, nous ne sommes pas encore décidés à nous incliner devant les arrêts supérieurs d'une raison qui ne consent pas à s'incliner devant la raison de tous. M. Louis Blanc a jugé bon de se distinguer hier de son parti. C'est une grave responsabilité que nous lui laissons tout entière. Nous souhaitons qu'elle ne pèse pas d'un poids trop lourd sur cette conscience si scrupuleuse, quand les bouffées d'une vanité maintenant trop connue seront entièrement dissipées.

Voici par quelles raisons je répondis à ces attaques:

A monsieur le rédacteur en chef de la République française.

Monsieur,

Le 30 août 1871, dans le débat sur la proposition Rivet, tendant à la prorogation pour trois ans des pouvoirs de M. Thiers sous le titre de président de la République, un homme dont la *République française* ne récusera pas l'autorité, M. Gambetta, s'exprimait ainsi : « Je dis que si vous vouliez user du pouvoir constituant pour organiser soit la République, soit la monarchie, vous feriez à la fois une œuvre téméraire et impolitique, parce que, lorsqu'on crée un gouvernement par voie de constitution, il faut que les mains qui l'édifient aient été véritablement reconnues capables et dignes de l'édifier. Et savez-vous pourquoi? C'est parce que je ne voudrais à ce prix d'une République créée par une Assemblée incompétente. »

Le 27 février 1873, la discussion s'étant ouverte sur le projet de loi présenté au nom de la commission des Trente et concernant les attributions des pouvoirs publics, M. Gambetta prononça les paroles suivantes : « Je dis que nous sommes engagés. Nous avons à plusieurs reprises, dès l'origine de l'Assemblée, protesté contre ses prétentions au pouvoir constituant, et aujourd'hui nous lui reconnaîtrions ce pouvoir! Comment! à partir du 2 juillet 1871, il n'est pas entré un républicain dans cette enceinte qu'il n'y ait été envoyé pour exprimer l'opinion de ses commettants. Or, l'opinion de ces commettants républicains a toujours été de réclamer de vous la dissolution, et non l'organisation des pouvoirs publics. Et ces républicains le savent bien : la preuve qu'ils le savent, c'est que lorsqu'on a discuté la constitution Rivet, ils ont voté contre le préambule. Ils sont donc liés à cette politique. Ils sont liés par ces principes, par ces actes... »

Le 2 juillet 1873, M. Dufaure ayant demandé à l'Assemblée la mise à l'ordre du jour de deux projets de loi dont l'un proposait d'organiser les pouvoirs publics précisément sur les mêmes bases que l'amendement défendu hier par M. Laboulaye, M. Gambetta protesta vivement dans un discours qui se terminait par ces mots : « Nous ne voulons ni de près ni de loin vous tailler une besogne constitutionnelle, et nous associer à ce que nous considérons comme une usurpation contre les droits de la France. »

Le 19 mai 1873, M. Peyrat, qui était alors président de l'*Union Républicaine*, était monté à la tribune, et, au nom du groupe qu'il présidait, avait fait la déclaration que voici :

« Les représentants du peuple soussignés,

« Considérant qu'aucune Assemblée élue n'a le droit d'exercer le pouvoir constituant qu'en vertu d'un mandat spécial, nettement défini, indiscutable ;

« Considérant qu'aucun mandat de ce genre n'a été donné à l'Assemblée actuelle ; que même dans le cas où — ce que les soussignés sont loin d'admettre — il y aurait doute, ce doute ne saurait être levé que par un appel aux électeurs pour la nomination d'une nouvelle Assemblée;

« Déclarent protester contre la présentation des projets constitutionnels, laquelle attribue à l'Assemblée un pouvoir constituant que les réprésentants soussignés persistent à ne pas lui reconnaître. »

Au nombre des signatures figurait celle de M. Gambetta.

Ce qu'il pensait alors, mes amis Edgar Quinet, Peyrat, Madier de Montjau, Marcou et moi, nous le pensions comme lui: nous le pensons encore. Le dire du haut de la tribune lui paraissait un devoir impérieux: ce devoir ne nous a point paru moins impérieux aujourd'hui.

On aurait pu ne pas lire la déclaration qui précède avant le vote et dans l'Assemblée; on aurait pu se borner à un vote négatif ou silencieux et se contenter de publier la déclaration dans les journaux le lendemain; mais non: elle fut jugée si nécessaire, qu'on n'attendit pas un seul instant, et ce fut même pour que le règlement ne mît pas obstacle à ce qu'on en donnât lecture, que M. Peyrat demanda l'urgence.

La question, en effet, était d'une gravité extrême. Il ne s'agissait pas seulement de savoir si l'on confierait à une Assemblée comme celle de Versailles le soin de constituer une seconde Chambre, au risque de lui donner à construire une forteresse à l'usage d'un gouvernement de combat ; il s'agissait de savoir s'il convenait de consacrer la confiscation de la souveraineté nationale par une Assemblée sans mandat constituant ; s'il était bon d'admettre que la République avait besoin d'être proclamée pour exister en droit ou d'être reconnue pour exister en fait ; si, même à supposer que la République pût être mise en question, — ce que personne de nous n'admettait, — il était prudent de la mettre aux voix dans une Chambre où l'hostilité contre elle était si forte, et de l'exposer de la sorte à une défaite.

La politique du parti républicain dans l'Assemblée n'avait jamais laissé planer sur tous ces points l'ombre d'un doute jusqu'au moment où la motion Casimir-Perier, reprise hier, fut présentée. On en peut juger par les citations qui précèdent et qu'il eût été facile de multiplier.

Fallait-il l'abandonner, cette politique? N'y avait-il aucun inconvénient à cesser de suivre une ligne si bien tracée, à ne pas se maintenir sur un terrain si ferme, à ne pas continuer de placer invariablement la force du parti républicain dans une stricte adhérence au grand principe de la souveraineté nationale et à fournir aux bonapartistes le prétexte de dire : « Les républicains ont demandé la République à l'Assemblée ; nous, nous demandons l'Empire au peuple » ?

Nous n'avons pas cru, mes amis et moi, que cela fût d'une bonne politique, et voilà pourquoi, conformément à leur désir, en leur nom comme au mien, je suis monté hier à la tribune.

Ce que j'avais à y dire n'aurait pas pris trois minutes, s'il n'y avait eu dans l'Assemblée des hommes oublieux du droit qu'a tout mandataire du peuple d'y exprimer librement sa pensée. Ce sont leurs interruptions qui ont, selon la remarque de M. Buffet lui-même, prolongé l'incident. A chacun ce qui lui est dû.

Rien, d'ailleurs, n'aurait empêché ceux de la droite, qui voulaient faire remettre la décision au lendemain, de demander la remise immédiatement après la clôture et de la voter.

Je n'ajoute plus qu'un mot. Nous avons eu le regret de ne pas trouver concluants les motifs de nos amis qui ont cru devoir appuyer la motion Casimir-Perier; mais nous avons toujours respecté ces motifs, les sachant dictés par les intentions les plus droites et par un amour profond de la République.

Le parti républicain décidera, Monsieur, si ce sentiment est celui qui caractérise, à mon égard, l'article que votre journal me consacre, et peut-être s'étonnera-t-il de voir ceux qui, pour des raisons fort honorables, sans doute, mais tout au moins discutables, ont cru devoir s'écarter un moment de la politique longtemps suivie par le parti républicain dans l'Assemblée, s'ériger en juges de ceux qui n'ont pas cessé de croire un seul instant que cette politique était la bonne.

Quant au motif qui, aujourd'hui, nous a déterminés, Edgar Quinet, Peyrat, Madier de Montjau, Marcou et moi, à joindre nos votes à ceux de tous nos collègues de l'Union Républicaine, lorsqu'on est venu nous dire que le succès de la motion appuyée par eux tenait à *cinq voix* au moment où la nouvelle nous était apportée, on comprendra, nous l'espérons, que nous avons fait en cela à l'unité du parti républicain et à l'amitié le plus douloureux des sacrifices.

J'attends, Monsieur, de votre esprit de justice l'insertion de cette lettre, et je vous prie d'agréer l'assurance de mes sentiments de confraternité.

Le lendemain, j'adressai au directeur du *Temps* la lettre suivante :

Mon cher monsieur Hébrard,

Vous avez déclaré inexplicable et jugé inopportune ce que vous appelez mon intervention dans la séance de jeudi, et qui a été tout aussi bien l'intervention de mes honorables amis MM. Edgar Quinet, Peyrat, Madier de Montjau et Marcou, dont je n'étais que le mandataire à la tribune.

Voici ma réponse:

L'amendement présenté par M. Laboulaye nous paraissait avoir un double et très-grave inconvénient.

D'abord, il semblait faire dépendre d'un vote de l'Assemblée la légitimité de la République.

Ensuite, il exposait la République à être vaincue, n appelant à la voter une Chambre dont la majorité s'était jusqu'alors montrée décidément monarchique.

Notre conviction intime, et l'événement a prouvé que nous ne nous trompions pas, était que l'amendement Laboulaye, reproduction de la motion Casimir-Perier, serait rejeté, comme avait été rejetée la motion qu'il faisait revivre.

Fallait-il, dans ce cas, laisser croire au pays que c'en était fait de la République ; que l'Assemblée s'étant prononcée contre elle, la République était pour jamais condamnée ?

Non : pour ôter d'avance au vote prévu toute signification funeste, il fallait dire, dire bien haut, dire du haut de la tribune, dire avec l'autorité d'un représentant du peuple parlant en cette qualité :

Que la République étant la seule forme de gouvernement compatible avec le suffrage universel, son existence est indissolublement liée à celle du suffrage universel lui-même ;

Qu'elle est le droit, et n'a par conséquent pas besoin d'être votée ;

Qu'elle est le fait, et n'a par conséquent pas besoin d'être reconnue ;

Qu'elle n'est pas à mettre aux voix, et que la mettre en question est chose vaine.

Y avait-il, je le demande, un meilleur moyen d'atténuer, aux yeux du pays, la portée décourageante du vote, dans le cas, si facile à prévoir, où ce vote aurait été contraire à la République !

Voilà, monsieur, l'explication d'une intervention qui vous paraît inexplicable.

Il était nécessaire, et il a été utile de proclamer, dans l'Assemblée même, que « la République ne devait pas être mise aux voix, ne devant pas être mise en question », affirmation fondée sur ce que la République est dans la force même des choses et que son triomphe est tôt ou tard, quoi qu'il arrive, inévitable.

Pour ce qui est du reproche qui m'est adressé par quelques journaux d'avoir, en prenant la parole, donné le temps aux membres de la droite de se concerter, ce reproche est tellement absurde que c'est à confondre l'esprit.

Etais-je monté à la tribune pour « faire un discours » ? Non. Je m'étais hâté d'annoncer que j'avais deux mots à dire, rien que deux mots. Il m'aurait fallu pour cela trois minutes, s'il n'y avait pas eu parti pris d'étouffer ma voix, avant même que j'ouvrisse la bouche. Les cris ont pris quelques minutes de plus. Et c'est là ce qui aurait « compromis la victoire », si tant est que l'on puisse appeler « victoire » l'organisation de la République livrée à une Chambre où la République compte tant d'ennemis !

Mais est-ce que les membres de la droite avaient besoin, pour voter le renvoi au lendemain, de se *concerter* ?

Est-ce qu'il ne suffisait pas qu'un d'eux demandât ce renvoi, pour qu'ils s'empressassent de le voter, dès qu'ils y avaient intérêt ?

Quant à croire que la République aurait pu avoir la majorité si l'on eût voté immédiatement après la clôture, y eut-il jamais supposition plus dénuée de fondement; plus péremptoirement réfutée par le fait ? Comme le dit très bien M. Auguste Vacquerie, dans le *Rappel*, est-ce que la même majorité qui, jeudi, a voté la remise n'aurait pas voté contre l'amendement Laboulaye ?

Et maintenant, Monsieur, ai-je besoin d'expliquer pourquoi nous n'avons pas présenté un amendement qui séparât ce que la proposition de M. Laboulaye avait joint, et qui mettant de côté la seconde Chambre, ne soumît à la délibération que l'affirmation de la République? La réponse à cette question est dans les lignes qui précédent. Opposés à l'idée de mettre en question la République, par quelle étrange contradiction, l'aurions-nous mise en question nous-mêmes? C'est pour le coup que l'intervention dont vous parlez eût été inexplicable.

Je ne m'arrêterai pas aux attaques dont j'ai été l'objet particulièrement, pour avoir commis le crime d'exprimer une conviction que je m'honore d'avoir eue en commun avec des hommes tels qu'Edgar Quinet, Peyrat, Marcou et Madier de Montjau. Comme eux, avec eux, j'ai cru rendre service à la République, à laquelle j'ai consacré ma vie entière, en donnant à entendre que son avenir ne dépendait pas de telle ou telle petite combinaison imaginée dans un coin du palais de Versailles. A ceux qui ont pu croire que je l'avais fait par orgueil, par « souci de ma personnalité », à ceux-là je ne réponds pas : je les plains.

Agréez l'assurance de mes sentiments dévoués.

XI

C'était le 29 janvier 1875 que devait avoir lieu la suite de la seconde délibération sur les projets de loi relatifs à l'organisation des pouvoirs publics. A l'ouverture de la séance, le président, M. Buffet, rappela que, la veille, il y avait eu trois demandes de scrutin public et qu'une de ces demandes réclamait le scrutin public à la tribune. L'Assemblée, consultée, décida que le vote aurait lieu de cette manière. Le défilé avait commencé vers trois heures, et à quatre heures il n'était pas encore terminé. La salle était houleuse, jusque dans les tribunes. Spectateurs et députés, tous attendaient le résultat avec une anxiété visible. Il va sans dire que les membres du centre gauche et les ralliés du centre droit n'étaient pas les moins animés. Telle était l'importance attachée par eux au succès de la journée que M. Léonce de Lavergne, malade, s'était fait transporter dans la galerie des Tombeaux d'où il envoya son bulletin blanc. Comme la foule des votants qui se pressaient au pied de la tribune commençait à s'éclaircir, je me rendis à la bibliothèque, où se trouvait M. Marcou, pour y écrire ma réponse à la *République française*, et je cachetais ma lettre, lorsque tout à coup je vis paraître M. Peyrat. Il avait les traits altérés. S'adressant à M. Marcou et à moi, il nous dit d'une voix tremblante d'émotion : « Savez-vous ce qui se passe ? On nous apprend que le nombre des bulletins bleus dépasse de cinq celui des blancs. Cinq ! Et nous sommes précisément cinq qui voulons nous abstenir. L'amendement Laboulaye n'est pas la République, non certes ; mais on le croit, et c'est ainsi que la question est posée. Laisserons-nous dire que la République a été vaincue, faute de cinq suffrages : les nôtres? Donnerons-nous cette joie à nos ennemis, qui nous guettent, et ce chagrin à nos amis, qui nous conjurent à mains jointes de ne pas nous séparer d'eux ? Allons, venez ! » Et me passant le bras autour du corps, il m'entraîna.

M. Marcou nous suivit.

Quand nous entrâmes dans la salle, l'agitation était à son comble. A l'extrême gauche, on entourait MM. Edgar Quinet et Madier de Montjau ; on les suppliait de ne pas rompre l'unité du parti ; on les pressait avec une sorte d'angoisse de prendre part au vote. Nous fûmes l'objet, M. Peyrat, M. Marcou et moi, des mêmes obsessions, affectueuses à la fois et violentes. Nous résistions ; mais le moment de la proclamation du scrutin approchait. Les instances redoublèrent. Oh ! qu'il est difficile de lutter contre l'amitié ! Et puis, la concession qu'on nous demandait avait-elle un caractère définitif ? Non, car l'établissement des deux Chambres devait faire partie de la Constitution, que nous nous réservions de ne pas voter si elle ne répondait pas à nos aspirations démocratiques. Nous nous laissâmes donc traîner à la tribune, et nous jetâmes l'un après l'autre notre bulletin dans l'urne, au milieu de l'émotion générale, et au bruit d'applaudissements immenses qui nous entrèrent comme des flèches dans le cœur !

Les résultats du scrutin furent proclamés : pour l'adoption, 336 ; contre 359. L'amendement était repoussé, à la majorité de 23 voix.

Ainsi, c'était à tort qu'on avait répandu la nouvelle d'une différence de cinq voix seulement !

Le lendemain, les membres de l'Union républicaine s'étant réunis, M. Henri Brisson exprima dans un noble et généreux langage la satisfaction qu'avait causée au groupe le vote des cinq républicains dissidents, et la note suivante fut envoyée aux divers journaux :

« *Extrait du procès-verbal de la séance de l'Union républicaine du* 30 *janvier* 1875 :

« M. Henri Brisson, président, rend hommage à l'abnégation dont ont fait preuve hier MM. Louis Blanc, Edgar Quinet, Peyrat, Madier de Montjau et Marcou. L'union est plus forte que jamais parmi nous et nous en sommes profondément reconnaissants envers les hommes qui ont sacrifié leurs sentiments intimes à l'esprit de concorde, dans l'intérêt de la République. Ces hommes devront être considérés comme les meilleurs parmi les meilleurs.

« Une approbation unanime et des applaudissements répétés accueillent ces paroles du président. »

C'est l'habitude des partis de dispenser selon leurs préoccupations du moment le blâme ou l'éloge. Les cinq intransigeants de l'extrême gauche, comme on les appelait, avaient été vivement attaqués, aprés la séance du 28 janvier, par ceux dont ils contrecarraient les vues : après la séance du 29, ces attaques se changèrent en félicitations et en louanges. Tous les journaux de la gauche et du centre gauche exprimèrent sous des formes diverses le sentiment que le *Siècle* formula en ces termes :

Nous savions combien M. Louis Blanc, M. Edgar Quinet, M. Peyrat, M. Madier de Montjau, M. Marcou sont des républicains convaincus et désintéressés. Nous savions qu'un appel ne serait pas en vain adressé à leur patriotisme. L'appel a été fait et il a été entendu. Quand ils sont montés avec leurs amis déposer leurs bulletins blancs à la tribune, des applaudissements redoublés ont éclaté à gauche. Toute la salle était émue, et il n'y a pas assurément de plus touchant spectacle que celui de citoyens illustres et honorés de tous, sacrifiant leurs préférences personnelles à l'intérêt sacré de la plus noble cause. L'hommage public qu'ils ont reçu a été leur récompense.

Leur véritable récompense eût été le triomphe de ce qu'ils croyaient la vérité !

XII

Nous avons dit dans le compte rendu de la séance du 21 janvier en quoi consistait le projet de loi présenté par M. de Ventavon au nom de la commission des Trente. Depuis, ce projet avait été modifié quant à l'ordre des articles; et l'article 1er, composé de trois paragraphes, était ainsi conçu :

« Le pouvoir législatif s'exerce par deux Assemblées : la Chambre des députés et le Sénat.

« La Chambre des députés est nommée par le suffrage universel, dans les conditions déterminées par la loi électorale.

« Le Sénat se compose de membres élus ou nommés dans les proportions et aux conditions qui seront réglées par une loi spéciale. »

Ces trois paragraphes furent votés dans la séance du 29 janvier très à la hâte, sans opposition, sans débat. Seulement, le premier donna lieu à un long discours de M. Ferdinand Boyer, auquel personne ne répondit, et le dernier fut, sur une observation de M. Marcel Barthe, modifié de la manière suivante : « La composition, le mode de nomination et les attributions du Sénat seront réglés par une loi spéciale. »

Alors parut à la tribune un homme, peu connu encore, mais à qui son intervention dans ces débats allait valoir une singulière célébrité. Il se nommait Henri Wallon. La placidité de son visage, le calme de son maintien, la timidité que trahissait sa parole, tout semblait annoncer en lui une nature ennemie des innovations. Professeur, il n'était jamais sorti du cercle d'un enseignement banal. Auteur, il n'avait jamais émis une idée neuve. Ses livres sur la *Sainte Bible*, sur les *Années de Jésus-Christ*, sur les *Epîtres et Evangiles des dimanches*, sur *Saint Louis et son temps*, indiquaient une intelligence asservie aux choses du passé. Les choses nouvelles, il les avait combattues de son mieux, comme homme politique, soit dans l'Assemblée législative de 1849, soit dans l'Assemblée du 8 février 1871. Cette justice lui est due qu'il avait plaidé dans un de ses ouvrages la cause de l'émancipation de l'esclavage, et que, sous la Présidence de Bonaparte, il avait donné sa démission de député, à l'occasion de cette fameuse loi du 31 mai 1850, qui attentait au suffrage universel. Mais, à part cela, sa vie s'était employée à servir la réaction, à lutter contre la République, et M. de Broglie n'avait pas eu de plus ferme soutien.

Voici ce qu'il vint proposer dans la séance du 29 janvier, sous forme d'article additionnel :

« Le président de la République est élu à la pluralité des suffrages par le Sénat et la Chambre des députés réunis en assemblée nationale. »

L'article additionnel de M. Wallon, dont l'Assemblée renvoya la discussion au lendemain, et l'amendement de M. Laboulaye, qu'elle venait de rejeter, avaient cela de commun, que l'un et l'autre ils consacraient les prétentions de l'Assemblée à l'exercice du pouvoir constituant le plus étendu ; que l'un et l'autre, ils visaient à l'établissement d'un régime définitif ; que l'un et l'autre, ils admettaient un Sénat ; et qu'ils contenaient, l'un et l'autre, ce mot, ce terrible mot qui sonnait si désagréablement aux oreilles de la droite : *République.*

Du reste, lorsque, le 30 janvier, M. Wallon prit la parole pour développer son amendement, il ne dissimula point la pensée qui le lui avait dicté : « Je ne proclame rien », dit-il, « je prends ce qui est. J'appelle les choses par leur nom ; je les prends sous le nom que vous avez accepté, que vous acceptez encore ; et je veux faire que ce gouvernement qui est, dure tant que vous ne verrez pas quelque chose de mieux. »

M. Laboulaye n'avait pas parlé autrement.

D'où vient donc que l'Assemblée, après avoir repoussé l'amendement de M. Laboulaye, adopta l'article additionnel de M. Wallon ? Quel motif porta certains membres du centre droit, tels que MM. de Chabron, Savary, Adrien Léon, Beau, Gouin, Delacour, Houssard, le vicomte d'Haussonville, le comte Louis de Ségur, à voter pour le second après avoir voté contre le premier, d'où il résulta que la présidence septennale eut une voix de majorité ? Furent-ils séduits par cette idée qu'un président élu pour sept ans et indéfiniment rééligible serait un roi moins l'hérédité, surtout si l'on avait soin de lui conférer des attributions bien monarchiques ? Crurent-ils pouvoir accepter sans trop de risque ce qui ne paraissait pas inacceptable à un membre du centre droit, à un clérical, à M. Wallon ? Quelque temps avant sa mort, dans un écrit plein de candeur, M. Vitet donnait ce conseil aux royalistes de toute nuance : puisqu'il ne dépend pas de vous d'empêcher la République, entendez-vous pour vous « l'approprier ». Le secret des conversions politiques du 30 janvier est là.

Ce qui est certain, c'est qu'à partir de ce moment, le grand rôle, dans l'élaboration des lois constitutionnelles, appartint à M. Wallon, et l'on put prévoir que la Constitution, si l'on parvenait à en faire une, serait l'œuvre à peu près exclusive, non pas même du centre gauche, mais de cette fraction du centre droit dont l'appoint était indispensable pour la formation d'une majorité constitutionnelle.

Au premier rang des hommes dont l'évolution appuya celle de M. Wallon, il faut mettre M. Léonce de Lavergne. Lui aussi, il avait figuré parmi les adversaires les plus acharnés de la République; et si le suffrage universel, dont il vit l'avènement avec inquiétude, avait fini par trouver grâce auprès de lui, c'était, comme il s'en excusa dans le *Journal des économistes*, parce qu'il avait cru remarquer dans le suffrage universel une puissance opposée au socialisme. M. Wallon ne pouvait avoir un plus utile auxiliaire. Ils s'entendirent pour former un groupe destiné à servir de trait d'union entre le centre gauche et le centre droit, et auquel l'élasticité de ses opinions politiques permît de pencher d'un côté ou de l'autre, selon les exigences du moment. Dans une Assemblée où les forces s'équilibraient au point de faire dépendre *d'une voix* les décisions les plus importantes, en conçoit quelle importance un pareil groupe devait naturellement acquérir. De fait, il domina tout de suite la situation.

Ainsi, quelques transfuges du royalisme, mal convertis à la République, firent la loi au 330 membres des gauches. Le groupe Lavergne tint en ses mains le sort de la France. En s'enchaînant à son concours, les républicains du Parlement s'étaient condamnés à l'alternative, ou d'enregistrer humblement ses volontés, ou de voir la majorité constitutionnelle tomber en poussière. Il leur fallut voter tout ce que les royalistes, ralliés, du centre droit imaginèrent pour faire la République à l'image de la monarchie, savoir :

Que le président de la République aurait, à la façon des monarques, — sur l'avis conforme du Sénat, pauvre garantie ! — le droit de dissoudre l'Assemblée des représentants du peuple ;

Qu'à la façon des monarques, il serait irresponsable ;

Que la question de savoir quand il y aurait lieu de réviser la Constitution serait tranchée, non par le peuple, mais par les Chambres, qui, lorsqu'elles auraient, à la suite de délibérations séparées, déclaré la révision nécessaire, se réuniraient en Assemblée nationale pour y procéder;

Et, enfin, que pendant la durée des pouvoirs conférés au chef actuel de l'Etat, la révision ne pourrait avoir lieu que sur sa proposition.

Oui, voilà ce qui fut voté en matière d'organisation républicaine dans les séances des 2 et 3 février. On n'en était encore qu'à la deuxième délibération : nous verrons comment, lors de la troisième, on sut rendre plus monarchique encore une conception qui ne l'était déjà que trop, ce semble.

Et ce qui mit le comble à ce luxe de précautions prises contre la démocratie, ce fut l'adoption, à la majorité de cinq voix, d'un amendement présenté par le baron de Ravinel. Cet amendement, qui, provisoirement retiré par son auteur, fut repris par M. Giraud, portait: « Le siège du pouvoir exécutif et des deux Chambres est à Versailles. »

C'était un acte de défiance injurieuse à l'égard de la capitale du pays, de la ville démocratique par excellence: Paris; et il y avait, en outre, quelque chose de profondément ridicule à réclamer pour un article de cette nature une place dans la Constitution. Mais les trois gauches, cette fois, furent battues; et elles furent battues parce que leurs alliés du groupe Lavergne les abandonnèrent, parce que MM. Léonce de Lavergne, Savary, Luro, Adrien Léon, d'Haussonville, Gouin, Louis de Segur, Target, se réfugièrent dans l'abstention. Tant il est vrai qu'il n'y a d'alliances solides que celles qui ont leur raison d'être dans la communauté des principes, dans la convergence des aspirations !

Il est vrai que M. Wallon vota contre ; mais la raison qu'il en donna est caractéristique. « Si, par une loi constitutionnelle, » dit-il, « les Assemblées étaient obligées de rester à Versailles, et si, par exemple, un mouvement révolutionnaire les forçait de se transporter à Fontainebleau, elles auraient violé la Constitution et fourni des armes à la révolution qui aurait éclaté. »

Pendant ce temps, que faisait le duc de Broglie ? Le duc de Broglie suivait l'évolution qu'une partie du centre droit avait exécutée, à la dernière heure, et cela pour conserver, comme le déclara naïvement son organe particulier, le *Français*, « la direction de cette politique de résistance conservatrice inaugurée le 24 mai », ce qui était, après tout, — ajoutait le *Français*, — « le point capital. » Le duc de Broglie pensait, ainsi que l'avait écrit M. Vitet, que puisque les orléanistes ne pouvaient pas empêcher la République, ils devaient travailler à se *l'approprier*. Il n'eut garde de ne pas voter une Constitution qui semblait lui en offrir le moyen; il n'eut garde de rester en dehors d'un mouvement que le journal le *Soir*, plus candide encore que le *Français*, définissait en ces termes : « Le centre droit, qui a fait hier son évolution, a obtenu les concessions qu'il réclamait : la République, au lieu d'être dans les mains de la gauche, sera dans ses mains à lui; et il espère, dans ces conditions, l'empêcher de verser dans la démocratie. »

On ne trouvera certes pas que le calcul fût si mal fondé pour peu qu'on se souvienne que ce fut en s'appuyant sur la Constitution que, plus tard, M. de Broglie installa au pouvoir la réaction, brisa l'opposition d'une des deux Chambres avec le concours de l'autre, et mit la République en danger de mort!

XIII

Le Sénat restait à organiser.

D'après le projet présenté par la commission des Trente, il devait y avoir trois sortes de sénateurs :

1° Les sénateurs de droit ;

2° Les sénateurs nommés par le pouvoir exécutif ;

3° Les sénateurs élus par un corps électoral particulier, formé de diverses catégories d'électeurs.

Des sénateurs *de droit*, dans une République dont le président lui-même était électif !

Des sénateurs nommés par l'homme qu'ils pouvaient être appelés à poursuivre et à frapper, en cas de haute trahison !

Des sénateurs élus par une petite fraction de la société, pour faire contrepoids aux représentants de la société tout entière !

M. Pascal Duprat, dans la séance du 11 février, n'eut pas de peine à démontrer combien un pareil système était absurde. Mais le problème se trouvait-il résolu par l'amendement que M. Pascal Duprat soumit aux délibérations de l'Assemblée : « Le Sénat est électif ; il est nommé par les mêmes électeurs que la Chambre des députés ? »

C'était attendre de la nation reconnue souveraine, qu'après avoir nommé une Chambre pour exécuter ses volontés, elle en nommât une autre pour les contrôler ; c'était demander au suffrage universel de s'armer contre le suffrage universel. S'il était permis d'espérer que deux Chambres ayant même origine marcheront de conserve, à quoi bon deux Chambres ? Dans la machine politique, tout ce qui est inutile risque d'être funeste. Mais de ce que deux assemblées ont même origine il ne résulte pas nécessairement qu'elles doivent avoir mêmes pensées. La Constitution de l'an III divisait le corps législatif en deux conseils également élus par le peuple, et ne différant l'un de l'autre que par le nombre et l'âge de leurs membres. Eh bien, quoique les auteurs de cette Constitution se fussent appliqués à garantir le conseil des Anciens de la dangereuse tentation d'entrer en lutte avec celui des Cinq-Cents pour l'initiative et le vote des lois ; quoiqu'ils n'eussent appelé l'un des conseils qu'à donner ou à refuser sa sanction aux résolutions de l'autre, la divergence des vues éclata bientôt, et de quelle façon ? Boissy-d'Anglas avait dit : le conseil des Cinq-Cents sera l'*imagination* de la République ; le conseil des Anciens en sera la *raison*. Qu'arriva-t-il ? Ce fut en s'appuyant sur la *raison* de la République pour en calmer l'*imagination* que Bonaparte tua la République. La dissolution du conseil des Cinq-Cents fut, grâce à la complicité du conseil des Anciens, affaire de grenadiers ; et Daunou apprit jusqu'à quel point il avait été mauvais prophète, lorsqu'il s'était écrié : « Le conseil des Anciens saura défendre la Constitution contre l'amour des innovations. »

L'innovation que Daunou n'avait pas prévue fut le césarisme !...

Voilà ce qui aurait pu être dit, à l'occasion de l'amendement de M. Pascal Duprat. A ceux qui rêvent deux Chambres constituées de façon à se faire exactement équilibre, on aurait pu rappeler la comparaison de Franklin, l'apologue du serpent à deux têtes qui, se rendant à un ruisseau pour y boire, fut arrêté par un buisson et mourut de soif, parce que l'une des deux têtes voulant prendre à droite, l'autre voulut obstinément prendre à gauche. Il eût été facile de prouver qu'après avoir longtemps empêché ou retardé tous les progrès en Angleterre, la pairie n'y existait plus aujourd'hui qu'à l'état de superfétation, et n'y était plus bonne, suivant une expression du premier Pitt, qu'à *faire tapisserie* ; on aurait pu raconter que la République des Etats-Unis devait à l'existence d'un Sénat cette affreuse guerre de l'esclavage, où elle avait failli périr ; et de tout cela on aurait été autorisé à conclure que le système des deux Chambres était condamné à la fois par la théorie et la pratique, par la logique et par l'histoire. Pour ce qui est de la nécessité d'obvier aux entraînements ou de désarmer le despotisme d'une assemblée unique, il y aurait eu lieu d'examiner, si l'on n'atteindrait pas ce but, en plaçant les mandataires du peuple, par la courte durée de leur mandat, sous le coup d'une réélection très-rapprochée ; en donnant au pouvoir judiciaire, comme en Amérique, le droit d'annuler dans son application partielle toute loi inconstitutionnelle ; en écrivant dans la Constitution, comme cela est écrit dans le premier amendement de celle des Etats-Unis, que les mandataires du peuple n'auront le droit ni de toucher à la liberté religieuse, ni de restreindre la liberté de la parole et de la presse, ni d'interdire les réunions paisibles, ni de mettre obstacle à ce que les citoyens obtiennent par voie de pétition le redressement de leurs griefs.

Des considérations de cette nature étaient certes bien dignes d'être discutées dans une Assemblée qui aurait eu souci de faire une œuvre sérieuse. Mais quoi ! « la question n'était plus entière, » ainsi que le fit remarquer M. Pascal Duprat. On avait voté qu'il y aurait un Sénat, avant de savoir comment il serait nommé, comment il serait composé, quelles attributions seraient les siennes. La discussion du principe des deux Chambres ayant été supprimée d'avance, il n'y avait plus qu'à se prononcer sur l'application.

Or, étant donné un Sénat, au moins le fallait-il électif, dans un régime démocratique, dans un régime qui avait cessé d'être le règne des privilèges pour devenir celui du suffrage universel.

Aussi la satisfaction des républicains, dans l'Assemblée, fut-elle profonde, lorsque le président prononça ces paroles :

« Voici le résultat vérifié du dépouillement du

scrutin public sur l'amendement de M. Pascal Duprat :

« Nombre des votants	632
« Majorité absolue	317
« Pour l'adoption	322
« Contre	310 »

Figuraient dans la majorité 292 députés des trois gauches, 28 bonapartistes, et 1 irrégulier, M. Jean Brunet.

7 bonapartistes s'étaient détachés de leur groupe pour voter avec la minorité : c'étaient MM. Brame, Johnston, Magne, Pouyer-Quertier, des Rotours, de Soubeyran et Vente.

Mais ce qui est à noter et ce que nous aurons bientôt à rappeler au lecteur, c'est que le nombre de ceux qui votèrent contre un Sénat électif fut grossi de tous les députés de ce groupe Wallon-Lavergne qui devait être plus tard désigné à la reconnaissance du pays comme ayant décidé de l'adoption des lois constitutionnelles. Un d'eux, M. Léonce de Lavergne s'abstint. Les autres, au nombre de 29, votèrent contre l'amendement Pascal Duprat. Voici leurs noms : MM. Aclocque, Adrien Léon, André (Seine), Beau, Babin-Chevaye, Bompart, de Chabron, Clapier, Paul Cottin, Delacour, Denormandie, Drouin, Duchaffaut, Dufournel, Fourichon,

Gouin, d'Haussonville, Houssard, La Sicotière, Antonin Lefèvre-Pontalis, Luro, Michel, Ferdinand Moreau, Peulevé, Savary, de Ségur, Target, Voisin, Wallon.

Et ce qu'il ne faudra pas oublier non plus, c'est que le Sénat électif fut repoussé, même par 20 membres du centre gauche : MM. Bérenger, Cézanne, Duréault, Feray, Gallicher, Lanel, de Lasteyrie, de Lestapis, Mangini, Max-Richard, Nétien, Patissier, Félix Renaud, Fr. Rive, Rouveure, de Saint-Pierre (Calvados), Salvy, Sebert, Vautrain et Waddington.

Quoi qu'il en soit, l'adoption de l'amendement fut accueillie avec transport par les républicains.

Mais elle passa vite, cette joie. Ce fut comme un de ces éclairs qui rendent plus noire la nuit qu'ils ont traversée.

Aux membres du centre droit, qu'avait étonnés et que désolait le vote, un moyen restait pour l'annuler : c'était de voter, le lendemain, contre le passage à la troisième délibération. C'est ce qu'ils résolurent de faire, malgré l'opposition que cette idée rencontra, dans leur réunion préparatoire du 12, de la part de MM. d'Audiffret-Pasquier, Bigot et Anisson-Duperron.

De son côté, le groupe Lavergne, présidé par

M. Wallon, déclara aux délégués du centre gauche, accourus pour s'entendre avec lui, que la conciliation était devenue bien difficile depuis que le vote de l'amendement Duprat écartait l'espoir d'arriver à l'établissement d'un Sénat conservateur.

Enfin, dans la commission des Trente, réunie sous la présidence de M. Batbie, la nécessité de s'opposer à la troisième lecture fut très vivement invoquée par MM. Daru, Delsol et Antonin Lefèvre-Pontalis, qui tous se fondèrent sur ce que l'établissement d'un Sénat électif substituerait une République démocratique à la République conservatrice. M. Dufaure eut beau mettre en avant un amendement de M. Bardoux, qui tendait à restreindre l'action du suffrage universel en créant des catégories d'éligibles, cela même parut trop démocratique à la commission des Trente, et elle conclut à se désintéresser du débat, jusqu'à la troisième lecture.

Quant à la gauche et à l'Union républicaine, elles avaient formellement déclaré ne vouloir d'un Sénat, qu'à la condition qu'il sortirait du suffrage universel.

Telles étaient les dispositions des diverses fractions de l'Assemblée, lorsque la séance du 12 février s'ouvrit.

La séance était à peine commencée que le général de Cissey, vice-président du conseil, montait à la tribune pour y lire une déclaration qui mérite d'être textuellement rapportée :

« Messieurs, le président de la République n'a pas cru devoir nous autoriser à intervenir dans la discussion. Il lui a paru en effet que votre dernier vote dénaturait l'institution sur laquelle vous êtes appelés à statuer et enlevait ainsi à l'ensemble des lois constitutionnelles le caractère qu'elles ne sauraient perdre sans compromettre les intérêts conservateurs. Le gouvernement, qui ne peut en déserter la défense, ne saurait donc s'associer aux résolutions prises dans votre dernière séance. Il croit de son devoir de vous en prévenir avant qu'elles puissent devenir définitives. »

Jamais la dignité d'une Assemblée n'avait été mise à une plus rude épreuve. Le pouvoir exécutif parlait en maître au pouvoir législatif. Les rôles étaient intervertis. Mais on venait d'avertir les « intérêts conservateurs » que c'était à leur profit que la Constitution serait faite : la droite éclata en applaudissements. Elle fit mieux : elle déclara, par l'organe de M. Charreyron, qu'elle ne pouvait admettre un Sénat électif, attendu que la première des garanties dues aux « intérêts conservateurs » consistait dans « une assemblée étrangère aux entraînements du suffrage universel ». M. Charreyron, du reste, ne cachait pas que les monarchistes, pourvu qu'on leur assurât les garanties par eux désirées, étaient prêts à s'associer, même dans une organisation républicaine, au vote des lois constitutionnelles — ce qui revenait à dire : qu'on nous donne la monarchie, sous le nom de République, et nous nous tiendrons pour satisfaits, en attendant mieux.

Il est à remarquer qu'en répondant à M. Charreyron, M. Laboulaye laissa échapper ces mots : « Nous avons toujours dit : dès que vous nous donnez la République, faites-la comme vous voudrez » ; et voyant que la droite se répandait en exclamations bruyantes et riait, il ajouta : « Permettez... vous prenez pour vous, suivant votre habitude, ce que je dis pour toute l'Assemblée : que l'Assemblée fasse la République qu'elle voudra... »

M. Laboulaye ignorait-il d'aventure quel genre de République une assemblée monarchique était capable de faire ? S'il l'avait ignoré, il n'aurait tenu qu'à lui de l'apprendre, ce jour-là. Car après avoir successivement adopté, soit sur la proposition de M. Bardoux, soit conformément au rapport de la commission des Trente, tous les articles d'un projet de loi confirmatif du vote de la veille sur le caractère électif du

Sénat, l'Assemblée résolut négativement, à la majorité de 368 voix contre 345, la question de savoir s'il serait passé à une troisième délibération.

Impossible de revenir, par une contradiction plus flagrante sur l'amendement Pascal Duprat, voté la veille. Impossible de dire d'une manière plus nette: un Sénat électif, jamais! Plutôt pas de Constitution!

Parmi ceux qui n'avaient pas attendu la séance du 12 février pour se prononcer indirectement contre le suffrage universel appliqué à la formation du Sénat, et qui, dès le 11, avaient dit à cet égard leur dernier mot en repoussant l'amendement Pascal Duprat, on comptait plusieurs membres du groupe royaliste rallié ou censé rallier à la République: MM. Savary, d'Haussonville, Target, Adrien Léon, Gouin, Houssard, Louis de Ségur, Luro; et même des membres du centre gauche: MM. Waddington, Vautrain, Bompard, Cézanne, Drouin, Voisin, Pâris (du Pas-de Calais.)

Le principal « fondateur de la République », M. Wallon, avait voté contre la nomination du Sénat par le peuple! Un autre « fondateur de la République » M, Léonce de Lavergne, s'était contenté de s'abstenir!

Mais M. Wallon et M. Léonce de Lavergne

n'eurent garde de voter contre le passage à la troisième délibération. Ce qu'ils ne voulaient pas, c'était un Sénat démocratiquement constitué, mais ils n'étaient pas hommes à abandonner si vite l'espoir d'en faire un qui fût une véritable oligarchie.

Les bonapartistes, dans la séance du 11 février, s'étaient déclarés en faveur de l'amendement Pascal Duprat ; dans la séance du 12 février, ils aidèrent à l'écarter, en repoussant le passage à une troisième délibération.

Oh ! quelle fut profonde l'émotion causée par le revirement si tristement mémorable dont l'Assemblée venait de donner le spectacle ! Dans l'Union républicaine surtout, la sensation fut vive. M. Henri Brisson, s'élançant à la tribune, s'exprima en ces termes, au milieu des exclamations de la droite et des applaudissements de la gauche :

« Messieurs, j'ai demandé la parole pour le dépôt d'une proposition de loi en faveur de laquelle j'ai l'intention de solliciter l'urgence. L'Assemblée nationale vient d'échouer dans la tâche qu'elle s'était proposée, de donner à la France une Constitution et un gouvernement. Après cet échec, il ne serait pas de la dignité de l'Assemblée, surtout en présence des espérances qui s'étaient produites dans le pays depuis dix jours, espérances qui vont être suivies, lorsque le vote d'aujourd'hui sera connu, d'une immense déception, — il ne serait pas, à ce que pensent mes amis et moi, de la dignité de l'Assemblée de renouveler des tentatives destinées à de nouveaux échecs. En conséquence, j'ai l'honneur de déposer la proposition de loi suivante, pour laquelle, au nom de mes amis, je sollicite l'urgence :

« Les électeurs des départements sont convoqués pour le premier dimanche du mois d'avril prochain, à l'effet d'élire une nouvelle Assemblée, conformément aux lois existantes. »

Mais le centre gauche tenait plus que jamais à faire une constitution qui le sauvât de celle, trop républicaine à son gré, qu'il craignait de voir sortir d'un appel à la nation. Pourquoi se décourager ? Le vote par lequel l'Assemblée avait repoussé le passage à la troisième délibération signifiait simplement qu'elle ne voulait pas d'un Sénat électif. Eh bien, il n'y avait qu'à imaginer autre chose. Tel fut le thème développé par M. Waddington d'abord, puis par M. Vautrain ; et chacun d'eux fit connaître ce qu'il avait à proposer.

Cependant, la question de la dissolution venait d'être posée : d'une façon ou d'une autre, il fallait la résoudre. La demande d'urgence, vivement combattue par M. de Castellane et

M. Victor Lefranc, fut appuyée non moins vivement par M. Raoul Duval et M. Bethmont. Ici, un incident qui vaut qu'on s'y arrête. M. Bethmont ayant présenté comme un des motifs qui rendraient la dissolution inévitable ce fait singulier qu'au début de la séance, le ministère n'avait point parlé en son nom, mais au nom du maréchal Mac-Mahon, d'où la conséquence que l'Assemblée n'avait personne de responsable devant elle, le ministre des affaires étrangères, M. Decazes, après avoir revendiqué pour ses collègues et pour lui-même la responsabilité de la déclaration lue par le général de Cissey, laissa échapper l'aveu que, si le président de la République avait conservé son cabinet, en dépit de certains votes hostiles de la Chambre, c'était faute de pouvoir discerner où était la majorité véritable.

Il n'y avait donc rien de possible, ni majorité constitutionnelle, ni majorité gouvernementale !

C'est ce que M. Henri Brisson fit remarquer, et le ministre ayant répliqué qu'une majorité, en tout cas, venait de se former, puisqu'à la déclaration du maréchal, l'Assemblée avait répondu en repoussant la troisième délibération, M. Gambetta parut à la tribune.

Voici les passages les plus remarquables du

discours prononcé par lui, à cette occasion :

Après avoir rappelé qu'il y avait un grand parti dans l'Assemblée qui, par attachement à ses convictions, à ses principes traditionnels, avait refusé de reconnaître à cette Assemblée le pouvoir constituant, mais qui avait dû finir par céder à la pression de l'intérêt général de la France, de la nécessité. « Nous vous avons dit : » continua-t-il, « eh bien, nous faisons taire nos scrupules, nous prenons sur nous de faire ce sacrifice aux nécessités générales de l'État, troublé au dedans, menacé au dehors, et qui a plus besoin que jamais de gagner sur les heures qui s'écoulent un temps que lui convoite la jalousie de ses adversaires dans le monde ; nous prenons sur nous de capituler entre vos mains, si vous voulez faire un gouvernement modéré et conservateur. Nous avons consenti à diviser le pouvoir, à créer deux Chambres ; nous avons consenti à vous donner le pouvoir exécutif le plus fort qu'on ait jamais consenti à constituer dans un pays d'élection et de démocratie ; nous vous avons donné le droit de dissolution, et sur qui ? Sur la nation elle-même, au lendemain du jour où elle aurait rendu son verdict ! Nous vous avons donné le droit de révision ; nous vous avons tout donné, tout abandonné. Abandonné.., non, parce que nous avions la confiance que vous étiez sincères, que vous ne cherchiez pas dans des remises, dans des stratagèmes de procédure constitutionnelle, je ne sais quel guet-apens qui aurait renouvelé celui de Décembre...Cette alliance, nous l'avons, non pas offerte, mais conclue, alors que nous avons mis nos votes avec les vôtres, alors que nous avons concédé tout cet appareil, tout ce régime protecteur, muré à triple enceinte, dans lequel vous pouviez abriter le gouvernement des doctrines de votre choix. Mais cela ne vous a pas suffi, vous avez voulu aller plus loin, exiger davantage ; vous avez voulu préparer un Sénat qui fût à vous, exclusivement à vous. Peut-être cependant n'auriez-vous pas insisté dans ces prétentions extrêmes, et c'est ici que se place la responsabilité du cabinet... Eh bien, je dis qu'il est nécessaire que de pareils procédés de gouvernement finissent ; je dis qu'il est nécessaire que nous mettions un terme à cette maladie qui nous travaille depuis tantôt deux ans d'échouer coup sur coup dans toutes les entreprises, dans toutes les lois que nous élaborons ; je dis qu'il n'est que temps de reconnaître que notre mandat est épuisé... Je sais qu'il en est encore parmi vous qui poussent cet esprit de sagesse et de transaction politique jusqu'à l'héroïsme et qui croient pouvoir encore rencontrer dans des rangs où rien de solide ne s'est présenté des auxiliaires pour une œuvre impossible ; oui, je le sais. Eh bien, expérimentez vos illusions, la déception ne tardera pas à venir. »

L'Union républicaine s'associa par des applaudissements répétés à ces plaintes si véhémentes, si éloquentes, et si légitimes. Est-il besoin d'ajouter que ceux-là ne furent pas les derniers à applaudir qui, comme nous et sans regarder à leur petit nombre, avaient résisté à l'entraînement général, qui, comme nous, avaient, dès le commencement, prévu et prédit à quelle déception conduirait le système de tout donner, de tout abandonner !

Et il ne fut pas non plus sans porter son enseignement, le scrutin qui eut lieu sur la demande d'urgence relative à la dissolution.

Le 23 juillet 1874, la minorité en faveur de la dissolution s'était élevée, à la suite du rejet de la motion Casimir-Perier, jusqu'au chiffre de 340 : le 12 février 1875, elle se trouva n'être que de 257.

Le 23 juillet 1874, M. Dufaure avait voté pour : le 12 février 1875, il vota contre.

Le 23 juillet 1874, M. Laboulaye avait voté pour : le 12 février 1875, il vota contre.

Il lui était échappé de dire dans la séance du 23 janvier 1873 : « Il faut constituer le gouvernement. Si nous ne le constituons pas, notre mandat est fini : il faut le remettre à la nation. *Vous en avez peur ! et moi aussi !* » Cette peur du recours à la nation avait quitté M. Laboulaye le 23 juillet 1874 : elle le reprit, paraît-il, le 12 février 1875.

Rien ne montre mieux que de tels rapprochements quelle faute nos amis de l'Union républicaine avaient commise en s'associant au vote des lois constitutionnelles.

XIV

L'impression produite par la séance du 12 février fut profonde, mais de courte durée. Tout d'abord on put croire et on crut que c'en était fait des lois constitutionnelles ; et ceux qui attachaient au vote de ces lois une importance suprême donnèrent des signes d'effarement. La brusque intervention du pouvoir exécutif dans les débats de l'Assemblée, l'attitude découragée de la commission des Trente, le projet de constitution d'un Sénat admis d'abord par l'adoption de l'amendement Bardoux, puis repoussé par le refus de passer à une troisième délibération, l'apparente absurdité de ces mouvements contradictoires, le spectre de la dissolution soudainement ramené à la tribune, la sortie violente de M. Gambetta contre ses alliés de la veille, et la majorité qui était née de l'entente des groupes de gauche mise en lambeaux, tout cela témoignait d'un désordre moral que le journal le *Temps* caractérisa en ces termes :

« Il en est décidément de l'Assemblée comme du possédé dont parle l'Evangile. Le démon du vertige et des dissensions, un instant exorcisé, s'en est allé par les lieux arides ; il y a recruté sept esprits plus méchants que lui, ensuite il est rentré dans son ancienne demeure, et l'état de cet homme est devenu pire qu'auparavant.. »

Il est certain qu'on ne pouvait mieux dire de cette Assemblée qui, au moment même où elle prétendait régler les destinées d'un grand pays, n'avait à lui donner d'autre spectacle que celui de ses divisions, de ses contradictions et de son impuissance.

Cependant, la séance du 12 février avait été marquée par un incident de nature à montrer aux partisans les plus opiniâtres des lois constitutionnelles que tout espoir pour eux n'était pas encore perdu. M. Waddington avait proposé un système qui attribuait l'élection des sénateurs aux conseils généraux, aux conseils d'arrondissement, à l'Assemblée et à l'Institut ; M. Vautrain, de son côté, avait mis en avant le procédé de l'élection à deux degrés ; et, vers la fin de la séance, l'un et l'autre projet avaient été renvoyés à la commission des Trente, renvoi que le ministre de l'intérieur avait fait précéder de ces mots, en se tournant vers le centre gauche : « Nous ne pouvons que voir surgir avec sympathie de ce côté de l'Assemblée de nouveaux projets qui permettront, peut-être, de résoudre le problème redoutable qui se pose devant nous. »

C'était rouvrir la porte aux négociations. Elles furent reprises.

Aussi bien, il s'était produit, dans la séance du 12 février, une idée que l'Assemblée, par pudeur, n'accepta point alors, mais qui était destinée à aplanir bien des difficultés et que nous verrons faire son chemin. M. Bérenger avait demandé que l'Assemblée se réservât à elle-même le droit de nommer le tiers des futurs sénateurs.

Impossible de présenter à M. de Broglie et à ses amis du centre droit un appât qui, tout grossier qu'il était, fût plus propre à les gagner au triomphe des lois constitutionnelles.

M. de Broglie et ses amis du centre droit étaient en effet de ces hommes qui se croient appelés par leur naissance, par leur éducation, par leurs traditions de famille, à former comme la moelle de la classe dirigeante, et qui trouvent tout naturel qu'on prenne parmi eux, presque parmi eux seuls, les ministres, les ambassadeurs, les académiciens, tous les grands dignitaires de l'Etat. Or, comme ils n'avaient rien à attendre du suffrage universel, et qu'au contraire ils avaient à craindre de se voir exclus par lui de la vie politique, le meilleur moyen de les intéresser à la création d'un Sénat était de faire luire à leurs yeux l'espoir d'y avoir une place.

Toujours est-il que les conséquences de la séance du 12 février ne justifièrent pas la frayeur qu'elle avait causée à quelques-uns. Deux jours s'étaient à peine écoulés depuis lors, que déjà le vent était à la reprise des pourparlers.

Le 14, une réunion de la gauche eut lieu sous la présidence de M. Jules Ferry, et, à la suite d'une délibération dans laquelle beaucoup d'orateurs prirent la parole, notamment MM. Ricard, Jules Simon, Goblet, Leblond, Lenoël, Langlois, de Lacretelle, il fut décidé que la gauche apporterait à l'examen des nouveaux projets relatifs au Sénat le même esprit de conciliation qu'elle avait précédemment montré.

En même temps, le centre gauche travaillait à se rapprocher du centre droit par l'intermédiaire du groupe Lavergne ; la commission des Trente, après avoir entendu successivement l'exposé des systèmes présentés par M. Waddington et par M. Vautrain, prêtait une oreille complaisante à deux autres projets, l'un de M. Eugène Talon, l'autre de M. Cézanne qui, l'un et l'autre, faisaient une part au pouvoir exécutif dans la nomination des sénateurs ; enfin, M. Clapier proposait à l'adoption de l'Assemblée un texte ainsi conçu : « Le Sénat est nommé : deux tiers par le suffrage universel ; un tiers par le président de la République. »

C'était, on le voit, une singulière République que celle qui pouvait sortir de négociations entamées sur de pareilles bases. Mais il suffisait qu'elles semblassent conduire à quelque chose de définitif, pour que les irréconciliables de la droite, légitimistes et bonapartistes, en eussent horreur. Il n'y avait pas jusqu'à la droite modérée ou, comme on l'appelait, la *réunion Colbert*, qui ne s'émût des efforts tentés pour sortir du provisoire.

Un de ses membres, M. Méplain, avait imaginé un plan qui consistait : 1° dans le retrait des lois constitutionnelles ; 2° dans l'organisation des pouvoirs personnels du maréchal-président sur les données suivantes : droit de véto, droit de dissolution de la prochaine Assemblée, renouvellement partiel. Cette proposition, qui revenait à investir le maréchal Mac-Mahon de la dictature, en attendant mieux, fut favorablement accueillie par la réunion Colbert, et dix-huit de ses membres se rendirent chez le maréchal, afin de la lui soumettre. C'étaient, outre M. Méplain, MM. de Montlaur, Leurent, Lallié, Depasse, Saint-Cernin, de Flaghac, Ambroise-Joubert, Adnet, Monnet, des Rotours, d'Arfeuillères, Beaucarne-Leroux, Boreau-Lajanadie, Taillefert, de Féligonde, de Roquemaurel et Malartre.

La démarche n'eut point le succès que ces députés en attendaient. Le maréchal répondit qu'il ne désespérait pas de voir établir un Sénat, et que, les lois constitutionnelles n'étant pas enterrées, il n'y avait pas lieu d'aviser.

Les dix-huit députés annoncèrent alors leur intention de déposer la proposition sur le bureau de l'Assemblée. Mais l'échec qu'ils venaient de recevoir était irréparable, et on le caractérisa par ce mot, attribué à M. Leurent : « En 1848, nous avons eu la manifestation des bonnets à poil : nous avons aujourd'hui celle des bonnets de coton. »

Les adversaires de toute idée d'organisation ne se tinrent pas néanmoins pour battus : ce qu'ils n'avaient pu obtenir du président de la

République, ils essayèrent de l'obtenir de l'Assemblée.

L'art. 70 du règlement portait que, lorsqu'un projet de loi avait été repoussé, il ne pouvait être représenté avant un délai de trois mois ; le 16 février, l'amiral Saisset monte à la tribune ; il rappelle que l'Assemblée a refusé de passer à la troisième délibération sur le projet de loi relatif au Sénat et, invoquant l'art. 70, il demande qu'on ajourne toute proposition ayant le même objet. Cette prétention est repoussée par M. Buffet, qui la déclare fondée sur une interprétation fausse et abusive du règlement. Mais, loin de s'incliner devant l'autorité du président de l'Assemblée, les groupes de droite poussent leur pointe. Ce n'est pas seulement la loi sur le Sénat que M. Paulin Gillon veut qu'on ajourne, c'est la loi sur la transmission des pouvoirs publics.

La seconde ne devant être promulguée qu'après le vote de la première, « puisqu'il n'y a plus de projet de loi sur le Sénat, dit-il, la loi sur la transmission des pouvoirs publics cesse d'exister. » Nouvelle et énergique dénégation de M. Buffet. A son tour, M. de Lorgeril entre en scène. Il affirme que les propositions de MM. Waddington et Vautrain étaient de simples amendements à une loi qui a été rejetée et ne sauraient dès lors être mis en discussion. Et depuis quand, réplique M. Buffet, est-il interdit de convertir un amendement en proposition? Puis, avec une colère mal contenue : « Si M. de Lorgeril, ajoute-t-il, pense que je n'ai pas scrupuleusement et loyalement rempli mon devoir, il n'a qu'à le dire et à saisir de cette question l'Assemblée. »

On eut alors un singulier spectacle : celui de M. Buffet interpellé, pris à partie, rudoyé par ces mêmes groupes de la droite dont les suffrages l'avaient porté au fauteuil, tandis que les groupes de la gauche, étonnés d'avoir à l'applaudir, l'encourageaient de la voix et du geste.

L'Assemblée n'était pas le seul champ de bataille où légitimistes et bonapartistes eussent engagé la lutte. Dans la commission des Trente, M. Chesnelong s'écriait : « Sommes-nous donc forcés d'opter entre l'organisation républicaine et le néant ? En accordant des droits efficaces au maréchal, nous pouvons fonder un gouvernement fort, et suffisant pour les circonstances présentes. Il sera provisoire, c'est vrai ; mais je préfère à une organisation mauvaise un provisoire qui laisse la porte ouverte à un meilleur avenir. »

Malheureusement pour M. Chesnelong et ceux

qui, comme lui, demandaient qu'on laissât la porte ouverte à ce qu'ils appelaient « un meilleur avenir, » c'est-à-dire la monarchie, le centre droit n'était pas décidé à les suivre.

Ce groupe se composait, en effet, à part quelques irréconciliables, d'orléanistes assez disposés à s'accommoder de la République, pourvu qu'on l'organisât de façon à pouvoir être détruite plus tard, et qu'en attendant on la fît bien conservative, par où ils entendaient qu'elle les devait conserver. Un Sénat à étiquette républicaine n'était assurément pas du goût de M. de Broglie et de ses amis ; mais qu'on leur donnât la certitude d'y entrer, ils étaient prêts à se résigner. Et même, quelques-uns d'entre eux ne furent pas sans montrer une sorte d'impatience. C'est ainsi que, dans la séance de la commission des Trente dont il vient d'être question, M. Lambert de Sainte-Croix s'éleva très-vivement contre certains procédés dilatoires recommandés par M. de Kerdrel.

Cette disposition d'esprit des membres les plus importants du centre droit rendait possible son entente avec le centre gauche et la gauche.

Restait la question de savoir par qui seraient posées les bases d'une transaction. Le groupe Wallon-Lavergne, qui touchait au centre droit d'un côté et de l'autre au centre gauche, fut naturellement chargé de cette besogne. A lui fut confié d'un commun accord le soin de formuler les propositions qui seraient jugées de nature à être acceptables au point de vue d'un compromis, et de lui, par conséquent, de lui seul, dépendit la destinée des lois constitutionnelles.

Ainsi, à cette République qu'on ne voulait pas laisser fonder par la nation élisant des mandataires *ad hoc*, à cette République on allait donner pour fondateurs... qui ? une poignée d'hommes presque tous obscurs et qui tous tenaient à la monarchie par leur éducation, par leurs habitudes, par leurs mœurs, par leurs intérêts. Ce que le régime républicain pouvait être, sortant de leurs mains, on le devine.

Le 16 février, à l'issue de la séance publique, ils se réunirent dans un des bureaux de la Chambre, au nombre de trente environ. Dans cette réunion, M. Bocher représentait le centre droit, et M. Ricard le centre gauche ; M. Wallon y présenta un projet qui conférait la nomination du Sénat aux conseils généraux et aux conseils d'arrondissement, avec adjonction d'un délégué du conseil municipal de chaque commune. Aux termes de ce projet, dont je signalerai plus loin la bizarrerie, on pourrait dire scandaleuse, l'Assemblée devait être appelée à élire 75 sénateurs, et le Sénat devait être renouvelé par tiers tous les trois ans.

Les sénateurs nommés par l'Assemblée seraient-ils inamovibles ? La réélection des sénateurs serait-elle laissée au Sénat lui-même ? Sur ces deux points on ne s'accorda pas d'emblée ; mais, tout considéré, la réunion décida que le projet Wallon offrait un excellent terrain de conciliation ; et, la séance levée, M. Wallon, qui l'avait présidée, courut faire part du résultat à MM. Casimir-Perier, Christophle et Bardoux, tous les trois délégués du centre gauche.

Mais c'était principalement le centre droit qu'il s'agissait de gagner. Réuni, le 17 février, au domicile de son président, M. Bocher, il reçut communication du projet Wallon, et la discussion s'engagea. On remarquait parmi les assistants M. Target, ministre de France à la Haye, arrivé récemment, avec l'autorisation du duc Decazes, pour prendre part à la négociation entamée. S'étaient joints à la réunion dans le but de la faire avorter, quelques-uns de ceux par qui la proposition Méplain avait été inspirée et soutenue. Mais leur présence ne fit, ce semble, que rendre plus animée l'attaque dirigée contre cette proposition par le duc d'Audiffret-Pasquier. Elle eut, ce jour-là, un autre adversaire, le duc de Broglie. Quoi ! l'on parlait de mettre le maréchal de Mac-Mahon face à face avec une assemblée unique ! Et dans la lutte à prévoir, on lui donnait pour arme ce droit de dissolution d'où pouvait sortir la guerre civile, et ce droit de *veto* qui avait si mal protégé la monarchie à son déclin ! Le duc de Broglie se prononça nettement contre cette façon de modifier le *statu quo*, et il défendit le projet Wallon comme le meilleur moyen d'en sortir.

Malheureusement, ce projet présentait une lacune ; il ne tranchait pas la question de la nomination d'un certain nombre de sénateurs par le chef du pouvoir exécutif. Or, sur ce point, le centre droit menaçait de se montrer intraitable. Et cependant, qu'imaginer de plus absurde que de faire nommer des sénateurs par un homme qu'ils étaient appelés à nommer eux-mêmes, et qu'ils pourraient avoir à juger ? Mais ce système avait, pour plusieurs, un avantage inappréciable : il leur donnait l'espoir d'obtenir de la reconnaissance du pouvoir exécutif ce qu'ils n'avaient point à attendre du suffrage de leurs concitoyens ; il faisait luire à leurs yeux la perspective d'un siège au Sénat !

Aussi la question fut-elle vivement débattue, le lendemain, dans le congrès des délégués du centre gauche, du centre droit et du groupe Wallon-Lavergne.

Ces délégués étaient, pour le centre gauche, MM. Corne, Bardoux, le colonel de Chadois, Léon Say, Ricard, Christophle, Schérer et Bethmont ; pour le centre droit, MM. Bocher, d'Audiffret-Pasquier, Callet et Buisson ; pour le groupe Lavergne, MM. Wallon, Target, Beau et d'Haussonville.

Les trois groupes parviendraient-ils à s'entendre ? Un moment on put craindre que non, les délégués du centre droit insistant sur la nomination des sénateurs par le chef de l'Etat, et les délégués du centre gauche déclarant que jamais la gauche républicaine n'accepterait une semblable clause. M. Wallon dut s'entremettre et supplier M. Bocher d'obtenir de ses amis qu'ils renonçassent à cette disposition. « Après tout », ajouta-t-il, « je suis convaincu que si l'adoption des lois constitutionelles tenait absolument au sacrifice de ce privilège, le maréchal de Mac-Mahon serait le premier à y renoncer. »

Peut-être les délégués du centre droit auraient-ils tenu bon, si tous les membres de la réunion n'avaient été d'accord pour admettre qu'une partie des sénateurs serait nommée par l'Assemblée nationale. Cela étant, la clause si ardemment discutée perdait beaucoup de son importance. Car il importait assez peu à M. de Broglie et à ses amis que les sièges au Sénat qu'ils avaient en vue leur fussent donnés par le chef de l'Etat, pourvu qu'on les leur donnât ; et ils ne doutaient point que si l'Assemblée les donnait, ils les recevraient comme récompense de leur empressement à se joindre aux meneurs de la coalition constitutionnelle.

Ils ne cédèrent pas, d'ailleurs, sans faire leurs conditions. Ils sentaient bien que si, une fois nommés, ils avaient pu être dépossédés soit par le président de la République, soit par le suffrage populaire, leur victoire n'aurait pas été complète et aurait risqué de se changer en défaite. Ils demandèrent donc, en faveur de ceux des sénateurs que désignerait l'Assemblée, le privilège de l'inamovibilité.

Il eût été difficile de concevoir une exigence plus monstrueuse. Comment ! ce n'était pas assez que l'Assemblée poussât l'égoïsme jusqu'à tirer de son propre sein quelques-uns des plus hauts dignitaires de l'Etat, il fallait encore que ceux-là n'eussent à compter en rien avec l'approbation ou la désapprobation de leurs concitoyens ; qu'ils fussent revêtus d'une sorte de caractère sacré ; que leur irrévocabilité les rendît supérieurs à ceux de leurs collègues qui, révocables, iraient s'asseoir à côté d'eux dans la même Assemblée ! Les délégués du centre gauche jugèrent, comme nous, que rien de tel ne pourrait être consenti par la gauche républicaine, encore moins par l'extrême gauche, et que toute entente risquait ainsi de devenir impossible. C'est ce qu'ils firent observer. Mais comme, d'une part, ils avaient eux-mêmes intérêt à ce que la clause de l'inamovibilité fût admise, et que, d'autre part, ils voulaient être constituants coûte que coûte, ils finirent par se rendre. Ils firent mieux : sur les instances de M. Wallon, ils acceptèrent qu'en cas de mort ou de démission des sénateurs inamovibles, il serait pourvu aux vacances par le Sénat lui-même.

D'aussi énormes concessions faites au centre droit valaient bien qu'il accordât quelque chose en échange. Il avait demandé : 1° que tous les départements eussent le même nombre de sénateurs ; 2° que, dans chaque commune, on adjoignît aux conseillers municipaux, pour la désignation de l'électeur sénatorial, les plus fort imposés en nombre égal. Ces deux prétentions furent abandonnées.

Autres questions à résoudre : les sénateurs recevraient-ils un traitement ? et le siège de la représentation nationale, où serait-il placé ? On décida que de ces deux questions la première serait l'objet d'une loi ordinaire et la seconde d'une loi organique.

Tels furent les compromis qui, dans la très importante réunion du 18 février, conduisirent les deux centres et le groupe Lavergne à l'adoption du projet Wallon.

M. Wallon avait exprimé l'espoir que le président de la République renoncerait à nommer un certain nombre de sénateurs. C'était là une condition sans laquelle tout était à recommencer : MM. Bocher et d'Audiffret-Pasquier se rendirent chez le duc Decazes et le général Chabaud-Latour, qu'ils prièrent de faire part au maréchal-président de ce qui venait de se passer. Le conseil des ministres était précisément convoqué pour ce moment de la journée. La délibération s'étant ouverte, le maréchal déclara que, ne voulant point paralyser une transaction nécessaire, il abandonnait la prérogative dont une fraction de l'Assemblée aurait désiré de l'investir.

Informé de cette résolution par M. d'Audiffret-Pasquier, M. Casimir-Perier se hâte d'en porter la nouvelle au centre gauche, réuni à Paris, dans la salle Nadar. Il raconte ce qui a eu lieu dans le congrès des délégués des trois groupes, explique comment on était arrivé à un arrangement, après quoi le projet Wallon, lu par M. Ricard, est adopté à l'unanimité.

Il le fut de même par la réunion Lavergne,

qui se tenait chez M. Antonin Lefèvre-Pontalis, et tous les députés présents le signèrent séance tenante.

Il ne restait plus qu'à connaître l'opinion de la gauche et de l'extrême gauche ou Union républicaine. En attendant, et sans perdre une minute, M. Wallon court porter son projet à Versailles, pour qu'il soit imprimé dans la nuit et distribué aux membres de l'Assemblée le lendemain.

Le voici, tel qu'il sortit des débats qui viennent d'être rappelés :

Article premier. — Le Sénat est composé de trois cents membres ;

225, élus par les départements et les colonies, et 75, élus par l'Assemblée nationale.

Art. 2. — Les départements de la Seine et du Nord élisent chacun cinq sénateurs.

Seine-Inférieure, Pas-de-Calais, Gironde, Rhône, Finistère, Côte-du-Nord, chacun quatre sénateurs.

Loire-Inférieure, Saône-et-Loire, Ille-et-Vilaine, Seine-et-Oise, Isère, Puy-de-Dôme, Somme, Bouches-du-Rhône, Aisne, Loire, Manche, Maine-et-Loire, Morbihan, Dordogne, Haute-Garonne, Charente-Inférieure, Calvados, Sarthe, Hérault, Basses-Pyrénées, Gard, Aveyron, Vendée, Orne, Oise, Vosges, Allier, chacun trois sénateurs.

Tous les autres départements, chacun deux sénateurs.

L'arrondissement de Belfort, les trois départements de l'Algérie, les quatre colonies de la Martinique, de la Guadeloupe, de la Réunion et des Indes françaises élisent chacun un sénateur.

Art. 3. — Nul ne peut être sénateur, s'il n'est Français, âgé de quarante ans au moins et s'il ne jouit de ses droits civils et politiques.

Art. 4. — Les sénateurs des départements et des colonies sont élus à la majorité absolue et, quand il y a lieu, au scrutin de liste, par un collège réuni au chef-lieu du département ou de la colonie et composé :

1° Des députés ;

2° Des conseillers généraux ;

3° Des conseillers d'arrondissement ;

4° Des délégués élus, un par chaque conseil municipal, parmi les électeurs de la commune.

Art. 5. — Les sénateurs nommés par l'Assemblée sont élus au scrutin de liste, à la majorité absolue des suffrages.

Art. 6. — Les sénateurs des départements et des colonies sont élus pour neuf années, et renouvelables par tiers, tous les trois ans.

Au début de la première session, les départements seront divisés en trois séries, contenant chacune un égal nombre de sénateurs. Il sera procédé, par la voie du tirage au sort, à la désignation des séries qui devront être renouvelées à l'expiration de la 1re et de la 2e période triennale.

Art. 7. — Les sénateurs élus par l'Assemblée nationale sont inamovibles.

En cas de décès, démission ou autre cause, il sera, dans les deux mois, pourvu au remplacement par le Sénat lui-même.

Art. 8. — Le Sénat a, concurremment avec la Chambre des députés, l'initiative et la confection des lois.

Toutefois, les lois de finances doivent être, en premier lieu, présentées à la Chambre des députés et votées par elle.

Art. 9. — Le Sénat peut être constitué en cour de justice pour juger, soit le président de la République, soit les ministres, et pour connaître des attentats commis contre la sûreté de l'Etat.

Art. 10. — Il sera procédé à l'élection du Sénat, un mois avant l'époque fixée par l'Assemblée nationale pour sa séparation.

Le Sénat entrera en fonction et se constituera, le jour où l'Assemblée nationale se séparera.

XV

Comment exprimer le sentiment de stupeur que produisit dans toute âme vraiment républicaine la publication d'un document semblable! Ainsi, l'on proposait de mettre face à face deux Assemblées, dont l'une représenterait le peuple entier, l'autre une partie du peuple seulement! Et à la seconde on concédait le droit, non-seulement de contrôler la première, de la surveiller, mais de la dissoudre! C'était le suffrage restreint donné pour tuteur et pour maître au suffrage universel! C'était la partie déclarée plus grande que le tout!

Et puis, pourquoi, dans le Sénat, des législateurs inamovibles à côté de législateurs amovibles?

Pourquoi le privilège de l'irresponsabilité accordé aux uns et refusé aux autres ?

Pourquoi cette insultante supériorité donnée aux élus de l'Assemblée sur les élus du suffrage sinon universel, au moins restreint ?

Pourquoi cette énorme prime offerte aux artisans des combinaisons parlementaires ?

Et que penser d'un système qui consistait à attribuer le même nombre de représentants à chaque commune, sans tenir compte de l'importance des diverses communes, de leur étendue, de leur population ? Quel nom donner à une conception en vertu de laquelle le département de la Seine, par exemple, était appelé, avec ses deux millions d'habitants, à nommer 139 délégués seulement, tandis que le département des Hautes-Alpes, avec ses 122,000 habitants, était appelé à en nommer 240 ? Que pouvait répondre M. Wallon à la condamnation de son projet par les chiffres suivants : On comptait en France plus de 16,000 communes, soit 45 0/0 au dessous de 500 habitants ; 14,000 communes, soit 40 0/0 de 500, à 1,500 habitants ; moins de 6,000 communes, soit 15 0/0, au-dessus de 1,500. Donc sur 100 communes, celles qui avaient moins de 1,500 habitants, c'est-à-dire les moins importantes, les moins intelligentes, les moins préparées à la vie politique, pesaient du poids de 85 0/0 dans la balance des votes pour la nomination du Sénat, et celles-là pesaient dans cette balance du poids de 15 0/0 qui étaient des centres rayonnants, des foyers de lumière ! C'était l'étouffement des grandes villes par les petites, des petites par les villages, des villages par les hameaux. C'était la défaite du jour par la nuit.

Un écrivain qui savait revêtir d'un style éclatant les aperçus les plus ingénieux, M. Camille Pelletan, jugea en ces termes le projet Wallon : « Un honnête homme habite un village perdu dans les montagnes. Avec cent autres, peut-être, il sera représenté par un électeur du second degré. Il va habiter la campagne voisine, qui a mille habitants : il perd les neuf dixièmes de son droit électoral primitif. Il émigre à Marseille ; alors cela devient inoui ; le voilà réduit au trois-millième de l'influence qu'il avait avant. Il semblerait, à voir ces résultats bouffons, que les chefs du centre droit et ceux du centre gauche se sont réunis dans un congrès solennel uniquement pour dissuader les Auvergnats et les Savoyards de venir se faire à Paris ramoneurs, commissionnaires ou marchands de marrons. Si c'est le but qu'on veut atteindre, la loi est sage ; sinon, je me refuse à la traiter, même de réactionnaire : elle est simplement inimaginable. »

Pour donner une idée de ce que seraient les électeurs du Sénat d'après le projet Wallon, M. Auguste Vacquerie publia dans son journal le tableau suivant d'un recensement des communes :

Communes ayant moins de :

100	habitants		533
100	à	200	2,953
201	à	300	4.542
301	à	400	4.677
401	à	500	3.969
501	à	1.000	11.525
1.061	à	1.500	4.451
1.501	à	2.000	2.101
2.001	à	3.000	1.477
3.001	à	4.000	581
4.001	à	5.000	249
5.001	à	10.000	309
10.001	à	20.000	108
20.001	et au-dessus		73

D'où il suit qu'il y a 8,028 communes dont la population n'excède pas 300 habitants ; — qu'il y en a 12,705 dont la population n'excède pas 400 habitants, — 16,674 dont la population n'excède pas 500 habitants, — 28,199 dont la population ne dépasse pas 1,000 habitants, et 36,228 dont la population ne dépasse pas 3,000.

Les communes de France qui ont plus de trois mille habitants sont au nombre de 1,320.

Treize cent vingt contre plus de *trente-six mille*, telle est la proportion dans laquelle les grandes communes participeraient à l'élection du Sénat. On voit si nous avons raison de dire que ce serait leur annulation.

Et ce Sénat, qui serait le représentant des plus petites communes, c'est-à-dire des communes les moins éclairées et les moins intelligentes, serait la Chambre dite haute ! Il serait le supérieur de l'autre Chambre, de l'Assemblée du suffrage universel, de l'Assemblée que les villes auraient faite autant que les campagnes, les grandes communes autant que les petites ! La Chambre ultra-rurale pourrait dissoudre l'Assemblée de toute la France !

Etait-il possible que l'Union républicaine et la gauche se prêtassent au triomphe d'une pareille doctrine ? Voilà ce qu'on se demandait et ce dont on doutait encore, lorsque s'ouvrit, à Versailles, la séance du 19 février. Mais ce n'était point dans la salle des délibérations que la question était agitée. De quel intérêt pouvait être, dans la circonstance, l'examen de projets de loi portant ouverture de je ne sais quels crédits au ministre des travaux publics et au ministre de l'intérieur ? Ah ! c'était bien de cela qu'il s'agissait! La séance, la vraie séance, se tenait dans la salle des Pas-Perdus. Là, le projet Wallon occupait toutes les têtes, formait le thème de toutes les conversations. Les uns mettaient vivement en relief ce qu'il avait d'absurde ; les autres, sans l'approuver, insistaient sur la nécessité de s'y soumettre; furieux de l'accord dont il était le résultat, les membres de la droite blâmaient avec aigreur le maréchal de Mac-Mahon d'avoir rendu cet accord possible en renonçant à une prérogative qu'à aucun prix, suivant eux, il n'aurait dû abandonner dès qu'ils la lui offraient; les bonapartistes demandaient d'un ton railleur quelle part on avait faite à la nation en disposant ainsi de son avenir; et, quant à la gauche, elle courait se réunir dans le local d'un des bureaux pour entendre les explications qu'on avait à lui donner sur le traité — c'était bien le mot — qu'en dehors d'elle, le centre gauche venait de passer avec le centre droit.

Qui le croirait ? M. Corne, président du centre gauche, ayant présenté l'exposé des négociations, un seul membre de la gauche, un seul, combattit le projet Wallon. Ce fut M. Jules Grévy. Devant une réunion nombreuse — car beaucoup de députés appartenant soit au centre gauche soit à l'Union républicaine étaient présents — M. Jules Grévy développa, avec une éloquence grave et l'autorité qui s'attachait à son nom, les motifs qui devaient faire repousser le projet. Il montra l'inanité des dangers dont on se prévalait pour en presser l'adoption. Il fit ressortir ce qu'une conception si peu républicaine avait de menaçant. Mais à l'accueil froidement respectueux et presque morne que rencontrèrent ses critiques, il était aisé de prévoir que la gauche se rendrait presque sans combat ; et cela devint plus manifeste encore par l'effet, bien différent, que produisirent, après lui, MM. Jules Simon, Bethmont, Ricard... et Gambetta, qui tous mirent à défendre le projet Wallon un zèle dont il y avait lieu de s'étonner, du moins en ce qui concernait M. Gambetta. Toutefois, aucune résolution définitive ne fut prise ce jour là. M. Jules Simon et quelques autres députés ayant émis l'avis qu'on proposât au centre droit certaines modifications, on décida qu'il fallait attendre la réponse.

La gauche exprimait le désir :

1° Que le nombre des électeurs délégués par les conseils municipaux pour prendre part à l'élection des sénateurs fût proportionnel dans une certaine mesure au nombre des membres du conseil municipal ;

2° Que l'inamovibilité des sénateurs nommés par la Chambre ne fût pas érigée en principe ;

3° Que les sénateurs nommés par l'Assemblée

ne pussent être élus qu'à la majorité absolue des voix.

Ce n'était pas beaucoup demander à coup sûr. On parlait de concessions à faire : était-il juste que les concessions ne fussent faites que par la gauche ? La *République française* hasarda timidement la remarque suivante : « Toute conciliation est une transaction, et, dans les transactions, si l'on veut qu'elles réussissent, il faut que chacun s'y prête et y mette du sien. »

Mais quoi ! la politique qui faisait dépendre d'un accord entre des opinions inconciliables le salut de la République avait eu pour résultat de rendre arbitre souverain de la situation, non plus même le centre gauche, non plus même le groupe Wallon-Lavergne, mais le centre droit !

Il le sentit et se montra intraitable. Les délégués des deux centres et du groupe Wallon-Lavergne s'étant réunis, le 20 février, chez M. Bocher pour délibérer sur les modifications proposées par la gauche républicaine, ils décidèrent qu'il n'y avait pas lieu d'accueillir ces modifications, que le projet Wallon devait être maintenu sans changement, et qu'en dehors de ce projet, aucun amendement ne serait admis.

La gauche républicaine attendait, dans une salle du boulevard des Capucines, le résultat de l'entrevue qui venait d'avoir lieu chez M. Bocher: ce fut M. Ricard qui vint le lui apprendre. On s'imaginera, peut-être, qu'elle en éprouva un vif sentiment de révolte morale, qu'elle se sentit humiliée, qu'elle protesta contre ce singulier genre de compromis qui consistait pour elle à tout donner sans rien recevoir ? Eh bien, non : elle prêta une oreille complaisante aux explications de MM. Corne, Bethmont et Ricard; elle se laissa toucher avec une facilité surprenante par l'éloquence mielleuse de M. Jules Simon, et elle décida, non-seulement qu'elle voterait le projet Wallon, mais qu'elle repousserait tous les amendements qui, au cours de la discussion sur le Sénat, pourraient être présentés. Jamais parti n'avait abdiqué d'une manière plus éclatante et plus complète.

Mais l'extrême gauche ou Union républicaine? L'extrême gauche, qui restait encore à consulter, consentirait-elle à s'effacer, elle aussi, et à s'effacer jusqu'à ce point? Un homme qui, à un grand cœur unissait une grande intelligence, M. Edgar Quinet, publia dans le *Rappel* la déclaration suivante :

Je dois à mes amis, je me dois à moi-même, de dire pourquoi j'éprouve une si profonde répugnance pour ce qu'on appelle aujourd'hui les lois constitutionnelles, et en particulier pour la composition du Sénat. J'ai fait ce que j'ai pu pour vaincre cette répugnance ; elle n'a fait qu'augmenter.

Voici quelques-unes des raisons qu'il m'a été impossible de vaincre.

Vous voulez fermer le passage au bonapartisme. Rien de mieux. Mais n'oubliez pas que le césarisme n'appartient pas seulement à la famille des Bonapartes ; il a diverses voies pour arriver. Tout ce qui n'est pas institué dans l'esprit républicain se trouve institué dans l'esprit césarien. Jugez à ce point de vue les projets qui vous sont proposés.

Je pourrais dire, d'abord, que le nom de Sénat porte avec lui-même sa condamnation, puisqu'il est d'origine césarienne, qu'il ne rappelle parmi nous que trahisons depuis Brumaire et 1814, et que le premier devoir du législateur est de choisir pour ses institutions un nom qui ne les voue pas d'avance au soupçon ou à la haine publique. Mais passons sur le mot. Voyons la chose.

D'où sortira le Sénat conservateur ? Quelles seront ses origines ? C'est par elles qu'il convient de le juger.

La nation ne sera point consultée dans l'élection de cette Assemblée, qui disposera du présent et de l'avenir de la France. Ce sont des corps isolés qui décideront pour elle, quoiqu'elle ne leur ait donné aucun mandat à cet égard.

En premier lieu, c'est l'Assemblée actuelle des députés qui choisira, et, si elle le veut, dans son sein, les principaux sénateurs auxquels elle donnera la perpétuité. C'est-à-dire que les hommes qui se sont fait connaître par leur plus grande hostilité aux vœux de la France recevront, pour récompense, la première place dans l'Etat. Vous espériez les voir rentrer dans la vie privée. Au contraire, on vous demande d'en faire les maîtres et les arbitres de vos destinées. On vous prie de les faire inamovibles. Cette même réaction, qui semblait épuisée et qui comptait ses derniers jours, on vous adjure de la renouveler, de la rajeunir, de la perpétuer.

En second lieu, le Sénat sera nommé par un collège de conseillers généraux et de conseillers d'arrondissement. Ici, l'issue est encore plus évidente. Vous avez trente voix pour vous, quatre-vingt contre. C'est le jeu qu'on vous propose. Trente pour la liberté, cinquante pour la servitude, et tout se décide à la majorité. Voilà les chances ; les accepterez-vous ?

Enfin, dernière et suprême condition : des délégués élus, un par chaque conseil municipal, parmi les électeurs de la commune. Vous entendez ceci : la plus petite commune rurale, la moins nombreuse, la plus reculée, la plus fermée au progrès, à la vie politique, pèsera autant dans la balance que les plus grands centres de lumière et de vie. Le moindre village, dans la main du clergé, étouffera la grande ville. Ici, l'ignorance n'aura pas seulement cinquante chances, elle aura toutes les chances contre la civilisation. Si l'on voulait en finir d'un seul coup avec la vie publique, dites-moi, que trouverait-on de mieux ?

Plus j'examine ces projets, moins je vois par où la liberté peut se faire jour. Toutes les issues sont fermées à l'avenir.

Pour que tant d'esprits excellents, dignes, désintéressés, acceptent de pareilles solutions, il faut bien qu'ils aient des raisons qui m'échappent malgré mon désir de m'y soumettre. Quelles sont-elles donc ? Je les ramène à une seule, la crainte du césarisme.

Ils voient ou ils croient voir une restauration possible de l'Empire ; et, dans la juste horreur qu'ils en éprouvent, ils deviennent moins difficiles sur les moyens de la combattre. Ils feraient volontiers comme ces hommes qui, pour repousser l'agression nocturne d'un bandit, se jettent sur la première arme qui leur tombe sous la main et se blessent eux-mêmes au lieu d'écraser le bandit.

Est-ce en votant pour la République des lois césariennes que l'on étouffera le césarisme ?

Est-ce en faisant un Sénat à la Domitien que l'on extirpera l'Empire ?

Il n'y a qu'un moyen de l'anéantir pour jamais, c'est de créer, de fomenter l'esprit républicain.

Qu'est-ce que le césarisme ? C'est la corruption de la République.

Encore une fois, il n'est pas besoin de servir la famille des Césars ou des Bonapartes pour être césarien.

Ne laissons donc altérer, dans aucune loi, ce qui est le fond de toute société républicaine, démocratique, car nous ferions nous-mêmes les Césars, en croyant les détruire.

Si nous laissions s'effacer l'esprit républicain, par prudence, par sagesse, par habileté ; si la nation ne le voyait plus nulle part, ni dans les choses, ni dans les hommes, alors, mais alors seulement, il faudrait tout craindre.

« La France veut en finir. » Oui, sans doute ; elle le veut. Mais est-ce en finir, que de recommencer l'immémorable servitude ?

De son côté, avec ce rare mélange d'esprit et de bon sens qui caractérise son talent et qui fut le génie de Voltaire, M. Auguste Vacquerie écrivit :

« On n'obtenait de Cerbère qu'il vous laissât passer qu'en lui présentant un gâteau de miel. Le gâteau de miel que la République a dû donner au monarchisme pour pouvoir passer est le Sénat. Un Sénat, soit ; mais il y a des chiens qui, lorsqu'on leur met un gâteau dans la gueule, en profitent pour vous mordre la main. Que les républicains songent à cela, en tendant au Cerbère monarchique son gâteau de miel... Un jour Cerbère voulut barrer le passage à Hercule. Le demi-dieu se connaissait en monstres, ayant percé de ses flèches les aigles mangeurs d'hommes du lac Stymphale, et ayant tué Gérion, ce roi à trois corps qui nourrissait ses bœufs de chair humaine. Il n'offrit pas de gâteau de miel au triple chien, il lui montra simplement sa massue, et le triple chien se retira, la queue basse. Le pays a sa massue, qui est le suffrage universel. Plusieurs persisteront à croire que la vraie politique était de la lui remettre entre les mains, et que la dissolution aurait été la bonne manière de contraindre le triple monarchisme à rentrer dans l'ombre d'où il n'aurait jamais dû sortir, et à laisser le jardinier cultiver le jardin. »

La réunion dans laquelle les membres de l'Union républicaine devaient se prononcer sur le projet Wallon avait été fixée au 21 février. La veille, le bruit ayant couru que M. Gambetta se proposait d'y plaider la cause de l'acceptation pure et simple, plusieurs d'entre nous refusèrent d'y croire. N'était-ce pas M. Gambetta qui, le 12 février, voyant ses nouveaux alliés, orléanistes et républicains de fraîche date, repousser la nomination du Sénat par le suffrage universel, leur avait si fougueusement reproché de ne vouloir faire aucune concession à ceux qui, comme lui et ses amis, s'en étaient montrés prodigues ? N'était-ce pas lui qui leur avait dit ce jour-là : « Nous avons consenti à diviser le pouvoir, à créer deux Chambres ; nous avons consenti à vous donner le pouvoir exécutif le plus fort qu'on ait jamais constitué dans un pays d'élection et de démocratie ; nous vous avons donné le droit de dissolution, et sur qui ? sur la nation elle-même, au lendemain du jour où elle aurait rendu son verdict !... Nous vous avons donné le droit de révision ; nous vous avons tout donné, tout abandonné... Je reprends, et je dis que cette alliance nous l'avons, non pas offerte, mais conclue, alors que nous avons mis nos votes avec les vôtres, alors que nous vous avons concédé tout cet appareil, tout ce régime protecteur, muré à triple enceinte, dans lequel vous pouviez abriter le gouvernement des doctrines de votre choix. Mais cela ne vous a pas suffi. Vous avez voulu aller plus loin, exiger davantage ; vous avez voulu préparer un Sénat qui fût à vous, exclusivement à vous ? » Oui, c'était bien M. Gambetta qui avait tenu ce langage marqué au coin d'une si légitime indignation. Or, que s'était-il passé depuis qui fût de nature à renouer le lien brisé ? Ceux à qui M. Gambetta s'adressait le 12 février avaient-ils diminué quelque chose de leurs prétentions ? Avaient-ils renoncé à l'appareil muré à triple enceinte derrière lequel ils entendaient abriter les doctrines de leur choix ? Avaient-ils cessé de vouloir un Sénat qui fût à eux ? En échange de tout ce qui leur avait été donné, abandonné, avaient-ils fait à la gauche une concession, une seule ?

Voilà ce qui, aux yeux de plusieurs d'entre nous, rendait invraisemblable la nouvelle de l'appui inconditionnel que M. Gambetta avait résolu de prêter au projet Wallon. Pour en avoir le cœur net, M. Barodet se rendit, le soir du 20 février, aux bureaux de la *République française*. Il y trouva M. Gambetta et une dizaine de ses amis occupés à dresser par anticipation une liste de sénateurs inamovibles. Etonné, il leur déclara qu'ils s'engageaient dans une route où lui ne pouvait les suivre, et tous les discours qu'ils lui tinrent pour le gagner ayant manqué leur effet, il se retira la douleur dans l'âme.

Le 21 février, les membres de l'Union républicaine se réunirent rue de la Sourdière, sous la présidence de M. Henri Brisson. MM. Corne et Jules Ferry étaient là. Ils venaient, au nom du centre gauche et de la gauche, faire connaître, et, au besoin, justifier ce qui s'était passé dans les groupes qu'ils représentaient.

M. Madier de Montjau demanda la parole. Ce n'était pas un nouveau venu dans les luttes politiques qui s'avançait. La Révolution de 1848 l'avait poussé sur la scène ; et la ferveur de ses convictions, l'étendue de ses connaissances, son éloquence passionnée, quoique toujours maîtresse d'elle-même, lui avaient fait, dès cette époque, un rôle éclatant. Mais bien des années s'étaient écoulées depuis lors ; une autre génération avait surgi ; l'oubli avait jeté son ombre sur beaucoup d'hommes forts et beaucoup de grandes choses. Pour les *jeunes*, ce fut une révélation que le discours prononcé en cette occasion par le vieux lutteur, et l'impression fut profonde.

M. Gambetta, qui avait écouté avec un étonnement visible cette parole de feu, mit toute son habileté à répondre. Défendre le projet Wallon pris en lui-même, c'était impossible, et il ne l'essaya point. Mais il s'étudia à grossir le danger des menées bonapartistes ; il évoqua le fantôme d'un coup d'Etat ; il fit entendre, comme ayant reçu à cet égard des communications particulières, que, si la Constitution était votée, le fruit qu'on en retirerait serait un ministère libéral, un ministère ami des réformes et terrible aux gens de l'Empire, un ministère, assura-t-il, qui *dépasserait toutes nos espérances*. Une voix ayant crié : un ministère d'Audiffret-Pasquier ? il répliqua vivement : « mieux que cela. » C'était « pis que cela » qui eût été le mot vrai, si l'on avait prévu que du vote de la Constitution sortirait un ministère Buffet !

Quoi qu'il en soit, le discours de M. Gambetta entraîna la réunion, et ce fut bien en vain que, par d'excellentes raisons développées en excellents termes, M. Marcou s'efforça de la retenir sur la pente fatale.

M. Alfred Naquet, lui, ne se contenta pas de la descendre, il y poussa les autres. A la vérité, il nous confessa loyalement, plus tard, qu'il s'était trompé. Dans une lettre à ses commettants, en date du 18 août, il donna de l'erreur qu'il reconnaissait avoir commise des explications qui méritent d'être citées.

« Convaincu, écrivait-il à ses électeurs, que le pouvoir exécutif, dans une république, doit être confié à un chef responsable, élu par l'Assemblée et perpétuellement révocable par elle, j'ai consenti à instituer une présidence de sept ans.

» Partisan d'une Assemblée unique, j'ai voté l'institution d'un Sénat.

» Partisan résolu du suffrage universel, de ce que nos adversaires appellent la souveraineté du nombre, j'ai voté une combinaison qui fait élire le Sénat par un corps électoral restreint.

» Partisan de la subordination du pouvoir exécutif au pouvoir législatif, j'ai donné au président de la République, appuyé sur le Sénat, issu du suffrage restreint, le droit de dissoudre la Chambre élue par le suffrage universel.

» Voilà ce que j'ai fait, voilà ce qu'ont fait les gauches, moins quelques-uns de nos collègues, qui ont refusé leur adhésion à cette œuvre et qui ont alors reçu le nom d'intransigeants.

» Pourquoi ai-je fait, pourquoi avons-nous fait, de telles concessions ?

» Parce que l'Assemblée menaçait de s'éterniser sans vouloir ni constituer ni se dissoudre et qu'une Assemblée, dans de pareilles conditions, prête le flanc à toutes les tentations des chercheurs d'aventures ;

» Parce que, surtout, comme contre-partie de nos concessions, nos adversaires nous faisaient des promesses qui nous permettaient de compter sur une application pour le moins libérale des lois constitutionnelles que nous votions.

» A la veille du 25 février, nous avions entendu, rue de la Sourdière, les chefs les plus autorisés des trois groupes de gauche. Ils venaient nous transmettre les engagements de nos nouveaux alliés, et que nous disaient-ils ?

» Que ces engagements étaient précis ;

» Que le ministère à venir *dépasserait toutes nos espérances* ; qu'il combattrait résolument les bonapartistes ; qu'il transformerait l'administration ;

» Que la loi du 20 janvier 1874, qui a enlevé aux conseils municipaux le droit de choisir leurs maires, serait rapportée ;

» Que l'état de siège serait levé, que nous aurions la liberté de la presse ;

» Que le scrutin de liste serait maintenu ;

» Que, les candidatures officielles étant abandonnées, les élections ne seraient plus entachées de fraude ni de violence ;

» En un mot, qu'il s'agissait moins de faire une Constitution que de *s'emparer du pouvoir*, et que le vote de la Constitution mettrait le pouvoir entre nos mains.

» Qu'est-il advenu depuis ?

» En présence d'alliés qui, quoique en nombre très-supérieur, avaient donné les premiers, donné sans recevoir — rien que des promesses — comment le centre droit constitutionnel a-t-il tenu ses engagements ? Le jour même où il s'est constitué, le nouveau ministère, qui devait *dépasser toutes nos espérances*, a réduit à néant tout ce que nous étions en droit d'espérer.

» Il a déclaré qu'il maintiendrait l'administration du gouvernement de combat.

» Non-seulement il n'a pas levé l'état de siège là où il existe, mais M. le vice-président du conseil regrette qu'il n'existe pas partout.

» La loi du 20 janvier 1874 n'est ni rapportée ni tombée en désuétude : tous les maires de M. de Broglie sont maintenus.

» Les candidatures officielles sont plus florissantes qu'aux plus mauvais jours de l'Empire.

» Enfin, nul ne peut dire ce qu'il adviendra du scrutin de liste ; mais ce qu'on peut affirmer, c'est que si nous le sauvons, ce ne sera pas avec l'appui de nos alliés du 25 février...

» C'est pourquoi, quittant le gros de l'armée, je suis venu rejoindre les intransigeants qui comptaient parmi eux mes amis les plus chers, ceux dont j'avais eu tant de peine à me séparer un moment. »

Ce qui précède montre que la Constitution du 25 février ne fut pas même le résultat d'un compromis entre les gauches et les deux centres : le compromis eut lieu entre le centre droit et le centre gauche par l'intermédiaire du groupe Lavergne ; mais quant aux républicains de l'extrême gauche et de la gauche, ce fut en dehors d'eux, et l'on pourrait dire contre eux, que la Constitution fut faite ; ils n'y concoururent que par leur consentement à des décisions prises sans qu'on les eût même consultés ; en échange de ce qu'ils se résignèrent à abandonner, ils ne reçurent rien, absolument rien ; car on a vu comment le peu qu'ils demandèrent leur fut refusé. Le centre droit crut assez faire pour eux, en acceptant le mot République : concession dérisoire, puisque la République existait déjà de nom et que les efforts tentés pour revenir à la monarchie avaient déjà misérablement échoué.

Mais ce que les monarchistes qui se disaient ralliés n'avaient pas encore pu, ils espéraient le pouvoir plus tard, s'ils parvenaient à constituer une République qui ne fût pas viable et qu'on eût chance, quand le moment serait venu, de renverser par un coup d'État.

Voilà ce que comprirent quelques membres de l'Union républicaine ; et il ne leur fallut pas une médiocre force d'âme pour résister à l'entraînement général ; d'autant qu'ils furent, de la part de leurs amis moins prévoyants, l'objet d'obsessions dont on jugera par les lignes suivantes, extraites d'une lettre de M. Barodet :

« Au moment où la Constitution allait être votée, MM. Gambetta et Challemel-Lacour vinrent me trouver à mon banc et m'adjurèrent, sur le ton de l'amitié, de voter avec eux. Pour me dérober à leurs instances, je m'échappai par les couloirs. Ils m'y poursuivirent, me cernèrent en quelque sorte, et insistèrent avec une grande véhémence sur toutes les considérations qu'ils croyaient de nature à me décider. Jamais ma fermeté n'avait été mise à une plus dangereuse épreuve ; car enfin, ce n'étaient pas des adversaires politiques que j'avais devant moi : c'étaient des hommes que j'aimais et avec lesquels, depuis 1870, je m'étais honoré de marcher. Mais pouvais-je oublier l'élection et le mandat du 27 avril 1873? Pouvais-je m'associer à l'abandon de tous les principes républicains que je voyais sacrifiés dans les projets constitutionnels qui nous étaient proposés? Je rentrai dans la salle, navré de ce que j'ai toujours considéré comme une erreur, mais éprouvant, outre la satisfaction de ma conscience, celle de me trouver en communion d'idées avec Edgar Quinet, Louis Blanc, Madier de Montjau, et quelques autres de mes collègues en qui j'avais toute confiance. »

Des supplications du même genre furent adressées à plusieurs d'entre nous et notamment à Edgar Quinet. Il résista, lui aussi, mais à quel prix ! Je crois voir encore l'illustre vieillard s'affaissant sur son banc, dans un état d'émotion tel que les larmes coulaient le long de ses joues.

Quoi qu'il en soit, l'adhésion donnée par la grande majorité du groupe de l'Union républicaine au contre-projet de M. Wallon rendait l'adoption de ce projet inévitable ; et, le soir du 21 février, chacun prévoyait que la séance du lendemain serait décisive.

Elle fut décisive, en effet ; mais de quelle tristesse elle remplit l'âme de ceux qui auraient voulu voir la régénération de notre cher pays sortir d'une imposante manifestation de la volonté populaire, et la République triompher d'une manière digne d'elle !

Il avait été convenu entre les coalisés qu'ils repousseraient sans examen tous les amendements qu'on pourrait proposer ; qu'ils ne répondraient à aucun discours ; qu'ils n'en prononceraient aucun ; qu'ils combattraient, bouche close, à coups de votes. Cet étrange programme fut suivi à la lettre. Oui, chose sans exemple dans l'histoire ! il avait été convenu qu'à la Constitution d'un grand pays, pour en finir plus vite, les honneurs d'un débat public seraient refusés, et cet engagement fut tenu !

La séance du 22 février s'ouvrit par la lecture d'un long rapport de M. Antonin Lefèvre-Pontalis, organe de la commission des Trente.

M. Lefèvre-Pontalis expliqua que la proposition de la commission, comme celle de M. Wallon, appelait à l'élection des sénateurs les conseillers généraux, les conseillers d'arrondissement, et les délégués des conseillers municipaux ; qu'elle faisait, elle aussi, deux catégories de sénateurs : l'une sortie de l'élection départementale et rééligible, l'autre ayant une origine différente et un caractère inamovible ; mais, ajouta-t-il, « les deux propositions diffèrent en ceci, que celle de M. Wallon ne fait point participer les plus imposés à l'élection du conseil municipal et qu'elle charge l'Assemblée nationale de choisir, à l'exclusion du président de la République, une partie des sénateurs, restreinte à soixante-quinze nominations. »

Ce rapport ne fut pas écouté. Ah, il s'agissait bien de ce que la commission des Trente pensait ou ne pensait pas ! Ce que les coalisés voulaient, c'était que le projet Wallon fût voté, et voté séance tenante, s'il était possible. A quoi bon attendre que le rapport eût été distribué, ou même qu'il eût paru à l'*Officiel*, de telle sorte qu'avant de le discuter, on eût pu en prendre parfaitement connaissance ? La question, la vraie question, était d'arriver au dénouement !

M. Wallon demanda l'urgence, et même qu'on passât à une discussion immédiate. Vainement M. du Bodan fit-il remarquer ce qu'il y avait d'extraordinaire à prendre si précipitamment une détermination qui pouvait avoir une si grande influence sur les destinées du pays ; vainement M. Ganivet vint-il, le règlement à la main, s'opposer à tant de hâte ; vainement M. de Belcastel s'écria-t-il : « Vous avez voté la priorité, non pas pour la loi sur le Sénat, mais pour la loi d'organisation sur les pouvoirs publics ; eh bien, si maintenant vous accordez au projet de loi nouveau sur le Sénat le bénéfice de l'urgence, il aura la priorité sur la loi d'organisation des pouvoirs publics ; » vainement M. de Lorgeril s'appliqua-t-il à démontrer qu'en prétendant trancher sans réflexion les questions les plus difficiles, l'Assemblée se proclamait infaillible, auquel cas un Sénat n'était point nécessaire : tout cela ne fut accueilli qu'avec une indifférence moqueuse par les partisans, coalisés, du contre-projet de M. Wallon. Le président de l'Assemblée, M. Buffet, qui les favorisait ouvertement, opposa son interprétation du règlement à celle qu'en avait présentée M. Ganivet ; il rappela rudement à l'ordre M. de Lorgeril, qui s'était plaint qu'on ne lui permît point de développer sa pensée ; et à M. Depeyre, repoussant la discussion immédiate, au nom de la dignité de l'Assemblée, M. de Marcère crut avoir répondu d'une façon victorieuse en disant : « Nous sommes juges de notre propre dignité. » Bref, l'Assemblée vota successivement que la discussion ne serait renvoyée ni au jeudi, 25 ; ni au mercredi, 24 ; ni au mardi, 23. En finir ! La nouvelle majorité brûlait d'en finir.

On passa donc, sans plus tarder, à la discussion générale, si l'on peut appeler ainsi l'absence de toute discussion. Car aux attaques dirigées par le marquis de Castellane contre la conception de M. Wallon, aucun des républicains qui s'y étaient ralliés ne répondit.

Et qu'auraient-ils pu répondre ?

Est-ce que M. de Castellane n'affirmait pas un fait absolument incontestable lorsqu'il disait : « La ville d'Orléans qui compte 45,000 habitants, et le village de Saint-Cyr qui n'en a que 12 ou 1,500, auront un droit identique. En vérité, c'est là une étrange manière de respecter le suffrage universel. »

Est-ce que M. de Castellane n'adressait pas à ceux des nôtres qui avaient accepté l'alliance de M. de Broglie, ce grand dénonciateur de la souveraineté du nombre, un reproche, hélas ! trop mérité, lorsqu'il leur disait : « Messieurs les républicains, il faut vous résigner : ou bien ne votez pas ce projet du Sénat, ou, si vous le votez, renoncez à vous proclamer les serviteurs soumis du suffrage universel. »

— « Heureusement vous êtes là pour le défendre !... » interrompit M. Ernest Picard, et la gauche de rire. Ce n'était pas répondre.

Oh ! sans doute il était plaisant que l'aristocratique marquis de Castellane affectât de prendre en main la cause du peuple ; mais ce qui ne l'était pas, c'est qu'il eût l'occasion de la prendre contre des républicains !

Le suffrage universel trouva un autre défenseur, et, cette fois, dans un bonapartiste. L'Assemblée ayant décidé qu'on passerait à la discussion des articles, les conclusions de la commission des Trente ayant été écartées, et le président ayant lu l'article 1er du projet Wallon, ainsi conçu : « Le Sénat se compose de 300 membres, dont 225 élus par les départements et les colonies et 75 élus par l'Assemblée nationale, » M. Raoul Duval déposa l'amendement que voici : « Le Sénat se compose de 300 membres. Il est électif en totalité, et nommé au suffrage universel. »

Ainsi, M. Raoul Duval reprenait cet amendement Pascal Duprat que les gauches avaient abandonné.

Le coup était cruel. Ardemment applaudi par les membres de la droite, dont les rires se mêlaient au bruit de leurs applaudissements, M. Raoul Duval prit plaisir à retourner le poignard dans la plaie, par un discours tel qu'aucun orateur de l'extrême gauche n'aurait pu en prononcer un qui fût plus démocratique.

Triste situation que celle des républicains qui s'étaient laissé imposer le contre-projet de M. Wallon ! M. Raoul Duval les plaçait dans l'alternative, ou de répudier leurs principes en ne le soutenant pas, ou de briser, en le soutenant, leur pacte d'alliance avec M. de Broglie et M. Bocher.

Malheureusement pour M. Raoul Duval, il y avait un vote de lui qui rendait suspecte sa tendresse à l'égard du suffrage universel : il avait bien voté avec les républicains l'amendement Pascal Duprat ; mais, le lendemain, il avait contribué à l'annuler en se joignant aux bonapartistes pour repousser le passage à la troisième délibération.

C'est ce que M. Lepère rappela en quelques paroles très habiles, très vives, et qui présentaient la proposition de M. Raoul Duval comme une manœuvre. M. Lepère avait raison : c'était une manœuvre ; mais à qui la faute, si elle réduisait des républicains à se mettre, pour la déjouer, en contradiction avec eux-mêmes ?

M. Raoul Duval répliqua : « En votant contre l'ensemble d'un projet que je trouvais mauvais, quoique j'en eusse accepté un des articles, j'étais parfaitement logique, aussi logique que ceux de nos collègues qui se montrent disposés à passer outre à la confection d'une Constitution, après avoir contesté avec tant de persévérance à l'Assemblée le pouvoir de constituer. »

Là-dessus, un membre de la gauche s'étant écrié : « La ruse est démasquée, » M. Raoul Duval reprit : « Vous allez voter, messieurs, et jé demande que le vote ait lieu au scrutin public. »

Le scrutin public aurait singulièrement ajouté à l'embarras des gauches, forcées de prendre parti à ciel ouvert contre le suffrage universel : M. Buffet leur épargna ce surcroît d'ennui, en affirmant, malgré les protestations désespérées de M. Raoul Duval, qu'aux termes du règlement, le vote devait avoir lieu par assis et levé. Ce fut à la faveur de ce vote anonyme que la prise en considération de l'amendement fut rejetée.

Quelques membres ayant alors réclamé le renvoi de la discussion au lendemain, l'Assemblée, à la majorité de 345 voix contre 336, décida que la délibération continuerait, tant on était pressé de conclure.

C'est à peine si l'on écouta M. Depeyre réclamant pour le président de la République la nomination d'un certain nombre de sénateurs, et l'on ne s'arrêta pas davantage à cette déclaration de M. de Clerq : « Les soussignés déclarent que, s'ils ne votent pas l'amendement de M. Wallon, c'est parce que cet amendement ne contient pas les deux grandes garanties conservatrices qui résulteraient de la nomination d'un certain nombre de sénateurs par le maréchal président de la République, et de l'adjonction des plus imposés aux conseils municipaux pour l'élection des délégués. »

Avaient signé MM.

L. de Clercq, Maurice, Brabant, Blin de Bourdon, Leurent, Baucarne-Leroux, Plichon, Descat, de Beauvillé, Courbet-Poulard, Louis de Saint-Pierre (Manche), de Bonald, général Robert, Lallié, Delsol, Le Chatelain, Ambroise Joubert, Mazerat, de la Pervanchère, Peltereau-Villeneuve, de Tréveneuc, de la Borderie, Benoist (Meuse), Viennet, de Chamaillard, Ancel, Chatelin, Bernard-Dutreil, Gasselin de Fresnay, baron de Vinols, de Fleuriot, Depasse, duc de Mortemart, marquis de la Guiche, Benoist du Buis, Pradié, comte Octave de Bastard, Sacaze, Calemard de Lafayette, Jamme, de Chabrol, comte de Maillé, de Dampierre, Méplain, Depeyre, Monjaret de Kerjégu, de Sugny, comte de Beurges, Mathieu, E. Adnet, Alfred Giraud, comte Daru, Delavau, Léopold Limayrac, vicomte de Meaux, Vidal, Charles Martin, Rambures, Raudot, de Fourtou, marquis de Plœuc, Henry Fournier, de Saint-Germain, E. de Champvallier, marquis d'Andelarre, baron de Flaghac, Adam (Pas de Calais), comte de Bryas.

Malgré le nombre de ces signatures et l'importance de quelques-uns de ces noms, la déclaration de M. de Clercq glissa sur l'Assemblée comme l'eau glisse sur le marbre.

Il en fut de même d'un amendement de M. Cottin, qui tendait à attribuer au maréchal la nomination de 300 sénateurs, et d'une proposition de M. Dubreuil de Saint-Germain, qui visait la suppression du droit accordé à l'Assemblée de désigner 75 sénateurs.

423 voix contre 261, telle fut l'énorme majorité que le scrutin donna à l'article 1er du projet Wallon sur la loi du Sénat, article capital qui, chacun le sentait, devait décider du sort de la loi.

Le 30 janvier, l'amendement qui affirmait la République n'avait été voté que par 263 voix contre 262, c'est-à-dire à la majorité *d'une voix* ! Pour que ceux qui alors ne voulaient pas même entendre prononcer le mot *République* fussent revenus de si loin, il fallait qu'on eut bien réussi à les convaincre que la *chose* cachée sous ce *mot* ne différait guère de la monarchie !

Le scrutin du 22 février mérite qu'on l'analyse.

La majorité se composa de la presqu'unanimité des trois gauches, du groupe Wallon-Lavergne tout entier et de la plus grande partie du centre droit.

Les 29 membres du groupe Wallon-Lavergne qui unirent leurs votes à ceux des gauches furent MM.

Aclocque, Adrien Léon, André (Seine), Babin-

Chevaye, Beau, général de Chabron, Clapier, Delacour, Denormandie, Drouin, du Chaffaut, Dufournel, Fourichon, Gouin, d'Haussonville, Houssard, Léonce de Lavergne, La Sicotière, Antonin Lefèvre-Pontalis, Luro, Ferdinand Moreau, Passy, Perret, Peulvé, Savary, de Ségur, Target, Voisin, Wallon.

Les 76 membres du centre droit qui contribuèrent à grossir le chiffre de la majorité furent MM.

De l'Aigle, Anisson-Duperron, le duc d'Audiffret-Pasquier, Balsan, de Barante, Baze, Bienvenüe, Bigot, Blavoyer, Bocher, Bompard, de Bondy, Bouisson, Boullier, (Loire), le duc de Broglie, Buisson (Aude), Caillaux, le général de Chabaud-Latour, Chaper, Charreyron, de Cissey, Léon Clément, Courcelle, de Cumont, Daguenet, le baron Decazes, Desjardins, Doré-Graslin, Alfred Dupont, de la Germonière, Godet de la Riboullerie, Gouvion Saint-Cyr, de Grammont, Grivart, le comte d'Harcourt, le duc d'Harcourt, d'Hespel, Jocteur-Montrozier, le prince de Joinville, Jordan, Jourdan, de Jouvencel, Lacave-Laplagne, Lambert de Sainte-Croix, Laurier, Lebourgeois, L'Ebraly, Lefébure, Le Flo, Louvet, le général Loysel, Martell (Charente), Mathieu Bodet, le général Mazure, de Mérode, de Montaignac, Pagès-Duport, Parigot, Pâris (Pas-de-Calais), Perrier, Petau, de Peyramont, Piou,

Prétavoine, de Rainneville, de Ravinel, Ricot, Gusman-Serph, Tallon, Vandier, Vilfeu, Vingtain, Vitalis, Cornélis de Witt.

66 députés de l'extrême droite, 157 membres de la droite modérée et des irréconciliables du centre droit, formèrent, avec 37 bonapartistes, la minorité.

15 républicains refusèrent leur vote à cette République que M. de Broglie jugeait digne d'être acceptée par lui. Ce furent MM. Barodet, Louis Blanc, Brillier, Daumas, Escarguel, Jules Grévy, Hèvre, Jouin, Madier de Montjau, Marcou, Ordinaire, Peyrat, Edgar Quinet, Rathier et Wilson.

De tout ce que la séance du 22 février fit souffrir aux républicains dont je viens de transcrire les noms, je puis juger par ce qu'elle me fit souffrir à moi-même. Entendre un bonapartiste prendre en main la défense de nos principes, et les voir repoussés par nos amis, à qui une alliance fatale imposait cette nécessité, qu'imaginer de plus humiliant et de plus douloureux? Du moins s'il nous avait été permis à nous qui n'avions pas donné dans une semblable alliance, de monter à la tribune et d'y exprimer tout ce que nous avions dans l'esprit, tout ce que nous avions dans le cœur !

Mais qu'aurait gagné notre cause à la manifestation, essayée, de nos sentiments? Nous aurions profondément irrité nos amis; nous aurions comblé de joie nos adversaires; notre voix, comme cela était arrivé déjà, aurait été étouffée par ceux-là mêmes qui auraient dû nous applaudir; nous aurions provoqué un grand scandale, sans espoir d'arriver à un résultat utile. Car, il faut bien le dire, l'idée que le projet Wallon était la République se trouvait être alors l'idée dominante, non-seulement dans l'Assemblée, mais dans le pays. La presse républicaine presque tout entière avait si bien travaillé dans ce sens l'opinion publique qu'il n'y avait plus possibilité d'arrêter le torrent ; et nous, qu'une invincible conviction empêchait de le suivre, nous étions condamnés au supplice d'une protestation muette : celle du vote !

XVI

Ce que la séance du 22 février avait commencé, la séance du 23 le continua. M. Raoul Duval y reprit, en dépit des murmures et des exclamations de la gauche, son rôle de bonapartiste défendant contre des démocrates les intérêts de la démocratie et affectant d'enseigner à des républicains ce que devait être la République.

Dans une série d'amendements, il demanda :

Que les sénateurs ne pussent être pris parmi les membres de l'Assemblée nationale ;

Que les maires et adjoints nommés par le gouvernement ne pussent être délégués ;

Que, dans les communes administrées par des commissions municipales, le délégué fût élu directement par les électeurs inscrits sur la liste municipale ;

Que les délégués reçussent une indemnité de déplacement ;

Que les mêmes incompatibilités s'appliquassent aux sénateurs et aux députés ;

Que la loi en discussion, comme toutes les autres dispositions d'ordre constitutionnel, ne fût exécutoire qu'après avoir été ratifiée par le suffrage universel.

De toutes ces propositions, pas une qui ne fût de nature à être acclamée par des républicains.

Que, sur trois cents sénateurs, deux cent vingt-cinq entrassent au Sénat par la porte de l'élection, soixante-quinze par le choix de l'Assemblée, et que ces derniers, à la différence des autres, fussent investis du privilège de l'inamovibilité, de telle sorte qu'on eût dans le Sénat, selon l'expression de M. Raoul Duval, des sénateurs d'ordre majeur et des sénateurs d'ordre mineur, c'était là certainement plus qu'une conception bizarre ; c'était une insulte à la souveraineté du peuple, dont les élus étaient déclarés par l'Assemblée inférieurs à ceux qu'il lui plairait de tirer de son propre sein. Et ce qui ajoutait au caractère fâcheux de l'inamovibilité sénatoriale, c'est qu'elle était le prix d'un compromis parlementaire.

Le gouvernement nommait les maires et adjoints dans toutes les communes de France. En les admettant aux avantages de la délégation municipale, on donnait à l'administration une prépondérance dont il fallait prévoir l'abus.

Mais toutes les communes n'avaient pas un conseil municipal : il y en avait qui étaient régies par des commissions municipales que le gouvernement instituait. Par qui serait désigné dans celles-là le délégué sénatorial ? N'était-il pas conforme à la doctrine démocratique qu'il le fût par les électeurs inscrits sur la liste municipale ?

Et les incompatibilités, quelle raison y avait-il pour que celles qui frappaient les députés n'atteignissent pas les sénateurs ?

Quant à l'indemnité de déplacement proposée par M. Raoul Duval, n'y avait-il pas lieu de se rappeler que toutes les contrées de France ne sont pas favorisées de communications faciles et peu coûteuses ; que beaucoup de communes sont séparées du chef-lieu du département par des distances considérables, et qu'il en est de tellement pauvres, que le maire lui-même, pour prendre l'écharpe municipale, doit quitter la charrue qui le fait vivre ?

Il semble que de pareilles considérations

valaient au moins la peine d'être examinées ; et lorsque M. Raoul Duval insistait pour que le peuple fût appelé à ratifier la Constitution, il ne demandait rien qui pût être regardé comme inadmissible par des défenseurs du suffrage universel.

Eh bien, chacune des propositions qui viennent d'être indiquées fut repoussée, sans débat, par les gauches, tant leur union avec le centre droit pesait sur elles !

Où elles étaient dans leur rôle, c'est quand elles repoussaient l'amendement de M. de Clerq demandant que, pour le vote, on substituât le chef-lieu de l'arrondissement au chef-lieu du département, et l'amendement du marquis d'Andelarre demandant qu'on adjoignît au conseil municipal les plus imposés de la commune. Où elles étaient dans leur rôle, c'est quand elles rejetaient la proposition de M. Eugène Tallon demandant, au nom de la commission des Trente, qu'aucune indemnité ne fût attribuée aux sénateurs. Tout cela était en effet contraire aux principes et à l'esprit de la démocratie. Mais pas plus que M. de Clerq, pas plus que M. Eugène Tallon, M. Jean Brunet ne trouva grâce auprès d'elles, lorsqu'il vint proposer qu'on modifiât la disposition vraiment scandaleuse qui donnait au département de la Seine une proportion de sénateurs neuf fois moindre qu'au département des Hautes-Alpes. On eût dit qu'aux yeux des groupes alliés, le texte du contre-projet de M. Wallon avait revêtu je ne sais quel caractère sacré : il fallait admettre tout ce qu'il contenait et rejeter tout ce qu'il ne contenait pas.

Ainsi furent votés, dans la séance du 23 février. les articles du contre-projet de M. Wallon, sauf le 5e, qu'un article additionnel de M. Delpit fit renvoyer à la commission des lois constitutionnelles.

Le 4e, on s'en souvient, portait : « Les sénateurs des départements et des colonies sont élus à la majorité absolue, et, quand il y a lieu, au scrutin de liste, par un collège réuni au chef-lieu du département ou de la colonie et composé : 1° des députés ; 2° des conseillers généraux ; 3° des conseillers d'arrondissement ; 4° des délégués élus un par chaque conseil municipal, parmi les électeurs de la commune.

C'était là l'article important. Il fut voté, au scrutin, par 431 voix contre 236.

Refusèrent de prendre part au vote les 17 républicains dont les noms suivent :

Barodet, Martin Bernard, Louis Blanc, Brillier,

Daumas, Escarguel, Jules Grévy, Hèvre, Jouin, Madier de Montjau, Marcou, Ordinaire, Peyrat, Edgar Quinet, Rathier, Wilson.

Dans la séance du 24 février, l'Assemblée reprit l'article 5 qui avait été réservé et qui était conçu en ces termes : « Les sénateurs nommés par l'Assemblée sont élus au scrutin de liste, à la majorité absolue des suffrages. »

M. Martial Delpit proposait d'ajouter : « Les sénateurs sont nommés sur une liste double de candidats présentés par le président de la République. »

L'article fut adopté, et la disposition additionnelle rejetée.

L'Assemblée n'avait donc plus qu'à voter sur l'ensemble de la loi. Elle allait y procéder, lorsque M. Raoul Duval demanda la parole. Il déclara que la Constitution à laquelle on travaillait n'était pas une bonne chose. Il mit les républicains au défi de venir soutenir à la tribune qu'elle était excellente. Il affirma qu'avant l'expiration de la période septennale il faudrait l'améliorer radicalement. Puis, le visage tourné vers les orléanistes : « Quant à ceux de mes collègues, dit-il, qui, il y a moins de deux ans, s'associaient avec les royalistes de ce côté de l'Assemblée » — et il désignait la droite — « pour essayer de rétablir dans notre pays le régime de la monarchie traditionnelle, héréditaire et légitime, je n'ai pas l'autorité nécessaire pour leur parler ; je l'emprunterai à qui peut me la donner, en relisant ce qu'écrivait, le 4 août 1873, le comte de Paris :

« Vienne, le 4 août 1873.

» M. le comte de Paris pense, comme M. le comte de Chambord, qu'il faut que la visite proposée ne donne lieu à aucune interprétation erronée. Il est prêt, en abordant M. le comte de Chambord, à lui déclarer que son intention n'est pas seulement de saluer le chef de la maison de Bourbon, mais bien de reconnaître le principe dont M. le comte de Chambord est le réprésentant. Il souhaite que la France cherche son salut dans le retour à ce principe et vient auprès de M. le comte de Chambord, pour lui donner l'assurance qu'il ne rencontrera aucun compétiteur parmi les membres de sa famille. »

Ces paroles ne furent pas sans produire une vive sensation. Mais l'ensemble du projet de loi relatif au Sénat n'en fut pas moins voté à une majorité considérable : 435 contre 234.

Ceux des républicains qui ne prirent point

part au vote furent : MM. Barodet, Martin Bernard, Louis Blanc, Brillier, Daumas, Escarguel, Jules Grévy, Hèvre, Jouin, Madier de Montjau, Marcou, Ordinaire, Peyrat, Edgar Quinet, Rathier, Wilson.

XVII

L'ordre du jour appelait la troisième délibération sur les projets de loi relatifs à l'organisation des pouvoirs publics : fidèle à son système de prendre aux hommes de la gauche leurs propres armes pour les combattre, M. Raoul Duval proposa de faire précéder les articles adoptés en deuxième lecture de l'article suivant : « La souveraineté réside dans l'universalité des citoyens français. »

C'était reprendre le 1er paragraphe de l'article 1er de la Constitution de 1848 et affirmer un principe qu'aucun républicain ne pouvait repousser. Mais était-il nécessaire de l'affirmer ; et, en proposant à l'Assemblée de le voter, ne courait-on pas le risque de le mettre en question?

Cela était si vrai, que la proposition donna lieu à une longue protestation de M. Paul Cottin, dont la conclusion fut : « Je n'ai pas foi en la souveraineté nationale ! Je la nie. » Aussi M. Lepère fut-il autorisé à dire : « Je ne voterai pas la déclaration, et j'ajoute qu'en refusant de la voter, je rendrai hommage à la souveraineté de la nation, laquelle ne se décrète pas. » A merveille ! Mais lorsque, au nom de MM. Edgar Quinet, Peyrat, Madier de Montjau, Marcou, j'avais dit exactement la même chose, à propos de la République, que M. Lepère et ses amis voulaient faire décréter, quoique convaincus qu'elle ne se décrète pas, pourquoi s'étaient-ils efforcés d'étouffer ma voix ? Pourquoi avaient-ils exposé la République au danger de succomber sous un vote hostile, dans une Assemblée dont les tendances monarchiques n'étaient un mystère pour personne ?

Mettre en pleine lumière les résultats de la fausse situation où les compromis de la gauche épublicaine l'avaient placée, tel était le but manifestement poursuivi par M. Raoul Duval. Il ne manqua pas de demander le scrutin public sur sa déclaration ; et comme elle fut repoussée à la majorité de 476 voix contre 30, il eut la satisfaction d'avoir amené des républicains à voter ce qui, de leur part, n'était certainement pas, mais semblait être, la négation de la souveraineté nationale.

Parut alors à la tribune un homme dont la famille occupait une grande place dans l'histoire du passé légitimiste. Le marquis de la Rochejaquelein venait dénoncer une coalition dont, selon lui, il n'y avait pas d'exemple. « Citez-moi, s'écria-t-il, une circonstance où l'on se soit concerté pour se faire des concessions réciproques, pour se sacrifier les uns aux autres ses principes, ses opinions, et pour prendre l'engagement de voter ce qui était convenu, à l'exclusion de tout ce qui pourrait être présenté ? »

A gauche, on murmura : ce fut tout.

M. Raudot n'obtint pas un accueil plus favorable. On ne fit pas l'honneur d'une réfutation à ce qu'il vint dire sur la nécessité de rendre le nombre des députés égal à celui des sénateurs. On éclata de rire lorsqu'il proposa cette disposition additionnelle : « Le président de la République peut, sur l'avis conforme de la Chambre des députés, dissoudre le Sénat. » On couvrit sa voix par des interruptions incessantes lorsqu'il essaya de prouver que les ministres devraient assister et prendre part aux délibérations relatives à la révision, dans le futur congrès.

Il est vrai que son obstination à présenter, sans espoir de succès, proposition sur proposition, amendement sur amendement, ressemblait fort à un parti pris de tout entraver ; et son air bourru, la rudesse de son langage, sa mauvaise humeur habituelle, plus marquée ce jour-là qu'à l'ordinaire, n'étaient pas de nature à diminuer l'irritation causée par sa résistance.

Mais la manière dont cette irritation se produisit n'était que trop conforme au caractère ardent des passions dont il était écrit que l'élaboration des lois constitutionnelles donnerait au monde le spectacle. De fait, rien de pareil ne s'était vu, depuis qu'il y avait des assemblées. La joie railleuse que la majorité constituante puisait dans la certitude de vaincre ; la colère mal contenue de la minorité ; l'impatience avec laquelle les uns se précipitaient vers le dénouement ; l'acharnement avec lequel les autres disputaient le terrain pied à pied ; cet étrange débat où il n'y avait d'orateurs que d'un côté ; l'inutilité de leurs efforts pour être écoutés, rendue plus frappante encore par cet ironique encouragement : *Parlez ! parlez !* le cri : *A demain !* poussé de cinq minutes en cinq minutes et, de cinq minutes en cinq minutes, couvert par le cri : *Non ! non ! continuons !* enfin et surtout, les principes républicains invoqués par les ennemis de la République comme moyen de combattre ses partisans, tout cela faisait de la séance du

24 février 1875 une des plus extraordinaires qui se pût concevoir.

De tous les incidents qui en composent l'histoire, il en est un qui vaut d'être particulièrement signalé.

L'article 2 de la loi d'organisation des pouvoirs publics portait : « Le président de la République est élu à la pluralité absolue des suffrages par le Sénat et la Chambre des députés réunis en Assemblée nationale. Il est nommé pour sept ans ; il est rééligible ; » deux légitimistes, MM. de Colombet et de Cintré, proposèrent d'ajouter : « Aucun membre des familles qui ont régné sur la France ne peut être nommé président de la République. »

En présentant cette disposition additionnelle, MM. de Colombet et de Cintré obéissaient-ils à de secrètes rancunes ? Entendaient-ils se venger de ceux des princes d'Orléans qu'on pouvait soupçonner d'hostilité à l'égard de la branche aînée des Bourbons ? Voulaient-ils couper les ailes à l'ambition de ceux des orléanistes qui, comme M. de Broglie et M. Bocher, avaient laissé leurs signatures s'égarer parmi celles des membres de la gauche et même de l'extrême gauche ? Ou bien, leur but était-il simplement de créer une cause de rupture entre ceux-ci et les membres du centre droit ? Ce qui est certain, c'est que les gauches républicaines ne virent dans la proposition qu'un piège qui leur était tendu.

Nul doute cependant que, considérée en elle-même, elle ne dût être acceptée par des républicains. Impossible de prétendre qu'elle était restrictive de la souveraineté du peuple, puisque cette souveraineté se trouvait confisquée par les constituants coalisés, et que le droit de nommer le président de la République était abandonné par eux à deux assemblées, dont une n'avait été établie que pour surveiller le suffrage universel, le contrôler, le tenir en bride. Impossible de prétendre qu'elle témoignait de défiances chimériques ; car ce n'était point à coup sûr par amour de la République que les orléanistes du centre droit l'avaient emmaillotée dans une Constitution faite de manière à leur laisser l'espoir et le moyen de la détruire. Comment nier ce qu'il y avait de vrai dans ces paroles de M. de Colombet : « En adoptant mon amendement, vous prouverez que vous voulez ne pas retomber dans le provisoire ; vous montrerez au pays que le gouvernement qu'il doit avoir est, sans arrière-pensée, sans équivoque, le gouvernement de tous, et qu'aucun parti ne pourra s'en servir pour abriter ses espérances et en préparer la réalisation plus ou moins prochaine. »

Mais, je le répète, il plut aux républicains,

devenus les alliés du centre droit, de ne voir dans la proposition de M. de Colombet qu'un piège du genre de ceux qu'ils reprochaient à M. Raoul Duval de n'avoir cessé de leur tendre. Ils la repoussèrent donc, et elle ne fut votée, dans l'extrême gauche, que par sept des membres qui, n'ayant pas conclu d'alliance avec les orléanistes du centre droit, n'avaient pas à craindre de la compromettre. Voici leurs noms : Martin Bernard, Louis Blanc, Madier de Montjau, Marcou, Ordinaire, Peyrat, Edgar Quinet.

Le projet de M. Wallon, tel qu'il l'avait d'abord présenté, n'énumérait pas les attributions du chef de l'État : pour combler cette lacune, M. Wallon proposa un amendement qui fut renvoyé à la commission des lois constitutionnelles. Puis, au pas de course, on peut le dire, et malgré les efforts de MM. Raudot et Paul Cottin pour retarder la décision finale, l'Assemblée vota l'article 3 du projet, qui donnait au président de la République le droit de dissoudre la Chambre des députés, sur l'avis conforme du Sénat ; l'article 4, qui établissait la responsabilité des ministres ; l'article 5, qui avait trait à l'élection d'un nouveau président, en cas de vacance par décès ou pour toute autre cause, et l'article 6, qui se rapportait à la révision de la Constitution. — On touchait au dénouement.

XVIII

Le lendemain, 25 février, au début de la séance, M. Pâris vint faire connaître le résultat des délibérations des Trente, en ce qui concernait les attributions du président de la République.

Comme M. Wallon, les Trente demandaient :

Que la promulgation des lois fût faite par le chef de l'État ;

Qu'il en surveillât et assurât l'exécution ;

Qu'il eût le droit de grâce, et qu'il disposât de la force armée ;

Qu'il nommât et révoquât, en conseil des ministres, les membres du conseil d'État ;

Qu'il présidât aux solennités nationales ;

Que les envoyés et les ambassadeurs des

puissances étrangères fussent accrédités auprès de lui.

Mais les Trente voulaient plus encore : ils voulaient que le président de la République eût l'initiative des lois, concurremment avec les membres des deux Chambres et qu'il nommât à tous les emplois civils et militaires.

Ils proposaient en outre de modifier, conformément à une idée émise par M. Gaslonde, l'article du projet Wallon qui attribuait au président de la République la nomination et la révocation des conseillers d'État.

Aux termes d'une loi rendue le 24 mai 1872, les conseillers d'État devaient être renouvelés tous les trois ans : ils étaient indéfiniment rééligibles, et l'Assemblée s'était réservé le droit de les nommer comme celui de les révoquer. Eh bien, ce droit, il s'agissait de le retirer à l'Assemblée pour le transporter au chef du pouvoir exécutif, mais seulement à l'égard des conseillers qu'il y aurait à créer au fur et à mesure des vacances. Ainsi, à partir du premier renouvellement triennal, il y aurait eu, pendant six ans, deux ordres de conseillers d'État, les uns révocables par l'Assemblée, en vertu de l'ancienne loi ; les autres révocables par le président de la République, en vertu de la loi nouvelle.

C'était combler la mesure des anomalies :

mais ces anomalies étaient l'inévitable résultat du pacte conclu entre le centre droit et les gauches. Il condamnait les contractants à être absurdes. Eux-mêmes le sentaient si bien, qu'ils repoussèrent avec violence toutes les tentatives faites par MM. Raudot et Raoul Duval pour provoquer un examen sérieux et engager un débat. Adoptée par M. Wallon, acceptée au nom du gouvernement par M. Grivart, ministre du commerce, la rédaction de la commission fut votée à une immense majorité : 467 voix contre 46.

Le vicomte d'Aboville ayant alors présenté un amendement tendant à ce que les lois constitutionnelles pussent être revisées sur la proposition du président de la République, la majorité se hâta de passer outre. Rien de plus étrange que la rapidité vertigineuse avec laquelle M. Martel, qui occupait le fauteuil en l'absence de M. Buffet, enlevait les votes.

Ici se place un fait grave que l'histoire ne doit pas omettre.

Il est d'usage que lorsque, sur un article, adopté en seconde lecture, il n'y a ni amendement proposé, ni orateur inscrit, on le regarde comme adopté d'emblée à la troisième lecture. Or, c'était le cas de l'article qui fixait à Versailles le siège de l'Assemblée, et qui formait l'article 7 de la loi, telle qu'elle avait passé à la seconde lecture. Mais comme la fixation du siège de l'Assemblée à Versailles était une question de la plus haute importance, nul doute que sur cette question quelqu'un n'eût demandé la parole si, lorsque le président laissa tomber ces mots : « nous passons à l'ancien article 7 », on eût compris qu'il s'agissait de celui qui substituait Versailles à Paris en tant que capitale politique de la France ; et si à cet égard une protestation avait retenti du haut de la tribune, quel n'eût pas été l'embarras des gauches, forcées ou de rompre leur pacte avec le centre droit, ou de se prononcer contre Paris ? La dextérité de M. Martel les sauva de cet embarras.

Par suite des dispositions votées après coup relativement aux attributions du chef de l'État et à la nomination des conseillers d'État, il avait fallu intercaler dans la loi deux articles nouveaux. De là un changement de numérotage qui faisait de l'ancien article 7 l'article 9. De là aussi une confusion dont le président profita pour dire, sans laisser à l'Assemblée le temps de se reconnaître : « L'article 7 n'étant pas contesté, nous passons à l'article 8. » Mais que portait-il, cet article 7 ? Beaucoup ne le savaient pas, et le président n'avait rien spécifié. « Je demande la parole », s'écria vivement M. Raoul Duval, « l'article 7 n'est pas voté. » « Il a été maintenu, puisqu'il n'était pas contesté », répondit un membre dont le *Journal officiel* ne donne pas le nom. « Alors », répliqua M. Raoul Duval, « c'est une surprise perpétuelle ». Et M. Paul Bethmont de dire à M. Martel : « L'article 7 n'étant pas contesté, vous avez eu raison de passer à l'article 8, monsieur le président. »

La vérité est que l'article 7 n'avait pas été contesté à la seconde lecture, mais qu'il l'aurait été certainement à la troisième, si le président en avait fait connaître la teneur, ce que rendait nécessaire le changement de numérotage.

Voilà par quel escamotage Versailles devint le siège du gouvernement et des Chambres !

Trois déclarations solennelles précédèrent le vote de la loi.

La première fut apportée à la tribune par le marquis de Franclieu. C'était une sommation hautaine adressée aux déserteurs de la cause monarchique d'avoir à expliquer les mobiles auxquels ils avaient obéi.

Un mouvement marqué de curiosité et d'attention se produisit lorsque le président annonça que M. de la Rochette d'abord et M. de Belcastel ensuite avaient demandé la parole.

Se tournant vers ceux des monarchistes qui avaient, dit-il, abdiqué les convictions de leur vie entière pour passer à la République, M. de la Rochette se plut à leur prédire qu'ils seraient tôt ou tard emportés dans le tourbillon du radicalisme, la loi des révolutions étant que la victoire appartient aux plus violents.

Pendant la lecture de cette déclaration, la physionomie de l'Assemblée s'était sensiblement modifiée. Le drame succédait à ce qui n'avait que trop ressemblé jusqu'alors à une comédie. Une sorte de frémissement courait sur les bancs de la droite, qui, de temps en temps, éclatait en applaudissements passionnés. Les gauches écoutaient en silence. Le centre droit s'efforçait de paraître impassible. Invoquant le privilège de son âge, le comte de Tocqueville s'écria d'une voix étouffée par les exclamations furieuses de la droite : « Cette pauvre France, mutilée et saignante, vous demande de ne penser qu'à elle, d'oublier vos divisions, vos préférences et de lui donner enfin le repos et la sécurité qu'elle ne peut trouver que dans la République. » M. de la Rochette avait parlé de défaillances dans les régions les plus élevées : le général de Cissey releva ce mot avec une vivacité extrême. Tout à coup un homme à la démarche lente, au visage austère et pâle, se dirige vers la tribune. Il en gravit les degrés d'un pas tremblant. Ses yeux sont pleins de larmes. Il lève les bras vers le ciel. Une émotion poignante rend plus frappante encore l'expression méditative de ses traits. On dirait un moine de Zurbaran, ou bien un de ces anciens prophètes qui menaçaient d'une destruction prochaine les cités rebelles à Dieu. « Un jour, dit-il d'un ton sépulcral, une parole néfaste, empoisonnée, tomba de cette tribune : « Vous êtes divisés. » Royalistes de cette Assemblée, vous l'avez cru..... vous vous êtes trompés. Divisés sur les questions essentielles ? vous ne l'étiez pas... Voilà pourquoi, toutes les fois qu'on vous a proposé le gouvernement de la République, je ne sais quelle force invisible et insurmontable vous a toujours arrêtés sur le seuil. Voilà pourquoi, aujourd'hui même, vous organisez le régime républicain, sans réciter le *credo* républicain. Vous osez à peine inscrire ce nom suspect sur le fronton du temple dont, au grand étonnement de la raison publique, vous êtes devenus les prêtres, mais dont vous ne serez jamais les croyants. Eh bien, je vous adjure une dernière fois : arrêtez-vous. »

Singulière puissance des convictions fortes ! Dans une Assemblée où, en ce moment-là même, des opinions ennemies concluaient un pacte d'alliance qui les condamnait à s'effacer, à se taire, l'inflexibilité de M. de Belcastel eut plus et mieux qu'un succès d'estime : ce fut dans un silence qui ressemblait à du respect qu'on écouta ce représentant d'un autre âge, cet apôtre d'une idée morte, cet âpre vieillard qu'un journal du temps put comparer, non sans raison, à un saint Siméon stylite qui serait descendu de sa colonne pour prédire à la terre d'effroyables catastrophes.

On alla au scrutin sur l'ensemble de la Constitution, qui fut adoptée à la majorité de 425 voix contre 254.

Ceux des républicains par qui la Constitution du 25 février ne fut pas votée étaient au nombre de quatorze : c'étaient MM. Barodet, Martin Bernard, Louis Blanc, Daumas, Escarguel, Jules Grévy, Jouin, Madier-Montjau, Marcou, Ordinaire, Peyrat, Edgar Quinet, Rathier et Wilson.

Tous les ministres votèrent pour, à l'exception du ministre de la justice démissionnaire, M. Tailhand, et de son sous-secrétaire d'État, M. Baragnon.

Dans le centre droit ou droite modérée, il y eut vingt et un abstentionnistes, parmi lesquels le prince de Joinville.

On a vu que la crainte du bonapartisme était le grand argument dont les gauches s'étaient servies pour justifier le sacrifice de leurs principes à la nécessité d'un compromis : il leur importait donc que le vote de la Constitution fût suivi de la lecture de quelque document de nature à montrer combien cette crainte du bonapartisme était légitime.

De là le rapport présenté par M. Savary sur les élections de la Nièvre, rapport par lequel on eut soin de faire suivre le vote des lois constitutionnelles.

Avec quelle satisfaction les républicains égarés dans l'alliance des royalistes entendirent un homme, qui n'était cependant pas des leurs, appeler l'Empire à la barre de l'Assemblée! Avec quelle reconnaissance ils le virent porter la lampe sur les intrigues du « comité de comptabilité », véritable « comité d'action » dans lequel M. Rouher avait successivement introduit les principaux meneurs de la faction du 2 décembre, depuis le général Palikao jusqu'à M. Haëntjens; depuis M. Pinard jusqu'à M. Grandperret ; depuis M. de Cambacérès jusqu'à M. de Forcade la Roquette! De quelle âme ravie ils l'applaudirent lorsqu'il montra le comité central étendant sur la France entière le réseau de ses sous-comités, et les agents de la propagande bonapartiste pénétrant sous des dehors inoffensifs jusqu'au fond des provinces les plus reculées, corrompant les cœurs vils, intimidant les esprits faibles, parlant le langage de la force, pour devenir plus forts, se prévalant de la complicité, vraie ou supposée, des fonctionnaires publics ; travaillant à la création d'une puissante société de propagande sous le couvert d'une compagnie d'assurance contre l'incendie, et attirant à eux par l'affirmation de leur prochain triomphe les membres de l'administration, les employés de l'État, le clergé, les mécontents, les ambitieux, tous les adorateurs du succès conquis ou entrevu !

Ce tableau, chargé ou non, était fait pour inspirer de l'effroi. Comment échapper, pouvait-on se dire, aux coups d'une conspiration aussi habilement ourdie, aussi hardiment conduite et aussi vaste ? Evidemment ce n'était pas trop, pour sauver la France, de l'union de tous ceux qui avaient horreur de l'Empire, quelle que fût la couleur de leur drapeau. Le rapport de M. Savary avait, comme explication de la politique des coalisés, une importance considérable. Ils s'étudièrent à lui en donner une plus grande encore. Aux interruptions violentes du comte Murat, de M. Abattucci, de M. Galloni d'Istria, ils répondirent par des exclamations non moins passionnées ; et lorsque M. Savary descendit de la tribune, ils le récompensèrent par une double salve d'applaudissements du service qu'il venait de leur rendre.

XIX

L'annonce que la Constitution était enfin votée fut accueillie avec joie par le pays. Les uns affectèrent de croire, les autres crurent sincèrement que la République était fondée. Nier les énormes défectuosités de l'œuvre qui venait d'être accomplie, on ne le pouvait, et personne ne l'osa. Mais on se disait que le mal n'était pas, après tout, sans remède, puisque la Constitution était déclarée revisable.

« Je ne me sens pas le courage, écrivait spirituellement M. Edouard Lockroy, d'adresser des compliments au père de notre Constitution, l'honorable M. Wallon, dont nous espérions un enfant un peu mieux bâti. Il est vrai qu'on ne fait pas toujours les enfants aussi beaux qu'on le souhaite, et comme dit un poète :

C'est déjà très joli que d'en avoir fait un.

» Prenons donc celui-là tel qu'il est et avec toutes ses imperfections. Nous savons, d'ailleurs, qu'il possède une qualité que les enfants selon la chair ne peuvent avoir : il est revisable. »

Ces lignes exprimaient, sous une forme plaisante et vive, ce qui était au fond l'impression générale. Le journal de M. Gambetta ne dissimula point que « les difficultés, loin d'avoir disparu, ne faisaient que commencer ; » mais lui aussi saluait avec espoir le moment d'une revision, tôt ou tard inévitable. Ce qu'il se gardait bien d'apprendre à ses lecteurs, c'est que les royalistes, des mains desquels la Constitution venait de sortir, avaient pris leurs précautions ; c'est qu'ils avaient artificieusement fait dépendre la possibilité de la revision du consentement du Sénat, après lui avoir créé un intérêt immense à n'y jamais consentir !

Quant aux difficultés prévues par M. Gambetta et ses amis, elles ne tardèrent pas à se révéler.

Le lendemain même du vote de la Constitution, le *Journal officiel* publiait la note suivante :

« A l'issue de la séance d'hier, M. le président de la République a pris le parti de charger M. Buffet de former un ministère.

« Après comme avant le vote des lois constitutionnelles, M. le président de la République est fermement résolu à maintenir les principes conservateurs qui ont fait la force de sa politique depuis qu'il a reçu le pouvoir des mains de l'Assemblée. Le nouveau Cabinet devra s'inspirer de ces principes, auxquels M. Buffet n'est pas moins dévoué que M. le maréchal de Mac-Mahon. Il sera appuyé dans sa tâche par les hommes modérés de tous les partis. »

A l'issue de la séance du 25 février, les soixante-dix signataires de la déclaration lue à la tribune le 22 février, par M. de Clercq, s'étaient rendus en corps auprès du maréchal de Mac-Mahon, et le comte Daru avait, en leur nom, prononcé l'allocution que voici :

« Monsieur le maréchal,

« Nous avons eu le regret de voter aujourd'hui contre une mesure que votre gouvernement soutenait. Le projet dont la Chambre était saisie ne nous a pas paru présenter des garanties suffisantes pour que nous puissions l'approuver, et nous nous sommes vus dans la nécessité de le rejeter, bien que nous fussions résolus à faire des lois constitutionnelles. Nous n'en demeurons pas moins, monsieur le maréchal, fidèles à la cause que vous défendez avec nous, et pour le soutien de laquelle vous pouvez compter sur notre dévouement, comme nous pouvons compter sur le vôtre. »

La note du *Journal officiel* scellait le pacte conclu, dans cette entrevue, entre le président de la République et les ennemis, avoués, de la République !

Que fallait-il de plus pour éclairer les gauches sur l'inanité de leur politique ? Non seulement le chef de l'État se donnait publiquement à leurs adversaires ; mais il confiait le soin de former un ministère à un homme qu'il déclarait aussi dévoué que lui-même aux principes anti-républicains !

Et en cela le maréchal ne se trompait certainement pas. M. Buffet n'était-il pas de ceux que l'Empire avait eus pour instruments et pour complices? N'avait-il pas été un des ministres de Louis-Napoléon? N'avait-il pas eu, plus ou moins ouvertement, la main dans la chute de M. Thiers?

Eh bien, la pente que descendaient les gauches était si rapide, qu'elles résolurent, de concert avec le centre droit, d'appuyer M. Buffet et de lui rendre la composition d'un Cabinet plus facile par un éclatant témoignage de leurs sympathies.

C'était le 1er mars que devait avoir lieu le scrutin pour la nomination du président de l'Assemblée : sur 487 suffrages exprimés, M. Buffet en obtint 479. Huit républicains s'abstinrent : on devine lesquels.

Ce vote donnait à M. Buffet une influence considérable, en témoignant de son influence sur l'Assemblée. Mais consentirait-il à se charger du fardeau des affaires ? Atteint par un deuil de famille, il hésita quelque temps. Les négociations traînèrent. Diverses combinaisons furent essayées, abandonnées, reprises, abandonnées de nouveau. Il fut question de donner le ministère de l'intérieur à M. d'Audiffret-Pasquier, et à M. Bocher, personnification de l'orléanisme, la vice-présidence du conseil sans portefeuille. L'un et l'autre refusèrent, double refus qui, dans le public, ne parut pas tout à fait volontaire et que les esprits soupçonneux attribuèrent à un travail caché. Ce qui est certain, c'est que le maréchal de Mac-Mahon eut un moment l'idée de s'appuyer sur un cabinet extra-parlementaire. Dans la nuit du 9 au 10 mars, il eut recours à M. Andral, vice-président du conseil d'État. M. Andral, pour toute réponse, lui conseilla vivement de prendre ses ministres dans l'Assemblée.

Le 10 mars, quand les députés se réunirent à

Versailles, rien ne semblait encore décidé, et la longue durée de la crise ministérielle avait produit sur les divers partis politiques un tel effet d'irritation, que M. Luro, membre du groupe Wallon, se disposait à faire une interpellation qu'aurait suivie un ordre du jour ainsi conçu : « L'Assemblée nationale, convaincue qu'il y a le plus grand péril à retarder la formation d'un ministère suivant les règles parlementaires, fait appel à la sagesse de M. le président du conseil et passe à l'ordre du jour. » Mais tout à coup la nouvelle se répand que la crise est enfin terminée. A la lecture d'une lettre autographe du président que M. Bocher lui avait apportée, M. Buffet s'était décidé à accepter le portefeuille de l'intérieur et avait levé immédiatement la séance pour se rendre chez le président de la République.

Le lendemain, 11 mars, le *Journal officiel* publiait la liste des ministres. Elle était composée comme il suit :

Vice-président du conseil et ministre de l'intérieur : M. Buffet;

Garde des sceaux, ministre de la justice : M. Dufaure ;

Ministre des affaires étrangères : le duc Decazes;

Ministre des finances : M. Léon Say;

Ministre de la guerre : le général de Cissey ;

Ministre de la marine et des colonies : le contre-amiral marquis de Montaignac ;

Ministre de l'instruction publique, des cultes et des beaux-arts : M. Wallon ;

Ministre des travaux publics : M. Caillaux ;

Ministre de l'agriculture et du commerce : M. de Meaux.

Dans ce partage des dépouilles opimes du pouvoir, le centre gauche recevait deux portefeuilles ; le groupe Lavergne en obtenait un ; le centre droit en prenait cinq ; enfin, chose à peine croyable, on en accordait un à la droite.

Et l'Union républicaine ?

L'Union républicaine? Ne lui avait-on pas fait assez d'honneur en l'admettant à combattre côte à côte avec le centre droit ? Qu'avait-elle à réclamer dans les fruits de la victoire ? Que, dans la personne de M. de Meaux, la droite eût part à la direction d'un gouvernement qu'elle avait refusé d'organiser, à la bonne heure !

Tel fut, pour les sincères et loyaux républicains, le premier résultat du système des concessions à outrance !

Mais d'autres et plus cruelles déceptions les attendaient.

Le nouveau ministère avait à faire connaître quelle était sa politique.

Le 12 mars 1875, on vit se dessiner à la tribune la longue et mince taille de M. Buffet. L'expression toujours sévère de son visage, sa tenue toujours rigide et son œil sans regard ne permettaient guère de deviner ce qu'il allait dire. On ne le sut que trop tôt, lorsque, de sa voix sèche et avec l'accentuation lente et ferme qui caractérisaient sa manière de parler, il fit, au nom des ministres, la déclaration annoncée.

Cette déclaration portait en substance :

Que la politique du Cabinet du 10 mars serait « très nettement conservatrice » ;

Qu'elle serait dénuée de tout caractère de provocation comme de faiblesse ;

Qu'il importait de le dire, à cause des inquiétudes jetées dans l'opinion publique par le vote des lois constitutionnelles ;

Qu'il fallait, avant tout, détruire l'équivoque, et rassurer les esprits ;

Que la population honnête, paisible, laborieuse, attachée à l'ordre, serait protégée par le gouvernement contre les « attaques et les passions subversives » ;

Que ceux qui avaient trouvé dans l'organisation des pouvoirs publics une satisfaction plus ou moins complète de leurs vues devaient prouver par leur adhésion à la seule politique capable de rassurer le pays, la possibilité de concilier « l'ordre des choses actuel » avec la sécurité publique, et que ceux qui auraient voulu à la question constitutionnelle une solution différente, devaient mettre leur patriotisme à seconder le gouvernement dans la défense des principes d'ordre et de conservation sociale ;

Que le président de la République faisait appel au concours des hommes modérés de tous les partis ;

Que le Cabinet considérait comme un devoir d'assurer aux lois constitutionnelles adoptées par l'Assemblée nationale l'obéissance et le respect de tous, et qu'il avait la ferme volonté de les défendre contre toute menée factieuse, mais sans se faire jamais l'instrument d'aucune rancune ;

Que toute autre conduite ne serait conforme ni à la justice, ni à la bonne politique, dans un pays où les changements d'institutions et de dynasties avaient laissé au cœur d'un certain nombre de citoyens des regrets et des convictions dignes de respect lorsqu'ils ne se manifestent par aucun acte repréhensible ;

Et enfin, que l'esprit de suspicion priverait le gouvernement d'un concours nécessaire.

Quant aux mesures libérales qui avaient été

annoncées comme devant être la conséquence du régime nouveau, il n'en était pas question.

La presse était avertie qu'on préparait une loi contre elle.

La déclaration portait, en outre, que l'état de siège serait maintenu et la loi de janvier 1873 conservée, cette loi fatale qui avait remis au gouvernement la nomination des maires, effaçant ainsi jusqu'aux derniers vestiges de l'autonomie communale. Seulement, M. Buffet voulait bien faire espérer que les maires seraient pris dans les conseils municipaux, « autant que possible ».

Le sentiment causé par la lecture de ce manifeste fut un sentiment de stupeur. On en put juger par le silence glacial du centre gauche. Pour ce qui est des républicains de la gauche et de l'extrême gauche, la déception qu'ils éprouvèrent fut immense. Ils se sentaient pris au piège ; et dans la salle, dans les couloirs, à la buvette, on les entendit se répandre en doléances amères. Quoi ! c'était là le prix dont on payait leur abnégation ! Quoi ! c'était là l'accomplissement des promesses au moyen desquelles on les avait attirés dans une alliance qui venait de leur coûter tant de sacrifices ! Quoi ! l'on avait cru entrer dans un régime républicain, et le programme de ce régime ne contenait même pas le mot *République*, comme si un pareil mot était de ceux qu'on a honte de prononcer ! Que parlait-on des inquiétudes jetées dans l'opinion publique par le vote des lois constitutionnelles, lorsque c'était, au contraire, pour calmer l'opinion que les lois constitutionnelles avaient été votées ? M. de Broglie avait dit que sa politique serait « résolûment » conservatrice; M. Buffet disait que la sienne serait « très nettement conservatrice : n'allait-il donc y avoir de changé qu'un adverbe ? Que signifiait cette expression de « passions subversives », tirée de la grammaire des ennemis ? Encore si le nouveau ministre se contentait de menacer le parti républicain ! Mais quel soin il mettait à ménager les vieux partis, à les rassurer contre la crainte de toute « rancune ! » Et avec quel respect il parlait des regrets, des convictions, que les changements de dynasties avaient laissés au cœur des royalistes et des hommes de l'Empire ! Singulière victoire de la République que celle qui s'annonçait par une loi contre la presse, par la prolongation de l'état de siège, et par l'asservissement des communes !

XX

Tel était le fond de toutes les conversations ; mais c'est à peine si l'on s'en serait douté, en lisant les journaux républicains qui avaient poussé à la Constitution, à cause de l'intérêt qu'ils avaient à voiler leur déconvenue. Il ne fallait pas, quand ils disaient : « La République est faite, » qu'on leur pût répondre, suivant un mot attribué à M. Thiers : « Non, elle est refaite ! »

Une chose était claire, en tout cas ; c'était la peur qu'elle inspirait aux ministres chargés de la conduire ; et le journal légitimiste *l'Union* avait certes bien raison d'écrire : « Nous ne connaissons rien de plus humiliant pour une forme de gouvernement que de ne pas oser l'appeler par son nom. »

19*

Cependant, les bonapartistes ne se possédaient pas de joie. Ils entonnèrent dans leurs journaux un chant de triomphe. C'était contre eux que les meneurs de la coalition parlementaire prétendaient s'être armés du vote des lois constitutionnelles, et c'était à leur concours que le ministère sorti de ce vote faisait directement appel ! Pour parer le coup, les meneurs des groupes coalisés songèrent à porter M. d'Audiffret Pasquier au fauteuil de la présidence de la Chambre, laissé vacant par M. Buffet.

M. d'Audiffret Pasquier n'était pas républicain, mais, depuis un certain discours où il avait attaqué vivement l'Empire, les bonapartistes l'avaient en horreur ; il n'en fallait pas davantage. Sa candidature, vivement appuyée par M. Gambetta auprès des membres de l'Union républicaine, fut adoptée dans une réunion des bureaux des trois gauches, et le vote des lois constitutionnelles eut pour premier effet de porter au fauteuil de la présidence dans l'Assemblée, grâce au concours des républicains, un homme hostile à la République !

A partir de ce moment, la réaction se précipita. La Chambre se hâta de prendre en considération une proposition de M. de Courcelle, qui, par la suppression des élections partielles, était une grave atteinte à la souveraineté du peuple.

Après tant de principes sacrifiés, les pensions payées aux bonapartistes leur furent conservées, « par amour des principes. » M. Buffet avait déclaré que les maires seraient pris « autant que possible » dans les conseils municipaux. Or, ce fut en dehors du conseil municipal que M. Buffet prit, presqu'au lendemain de sa déclaration, les maires qui se trouvèrent manquer dans la Savoie, dans le Loiret, dans la Corrèze et dans l'Isère. En revanche, on n'eut garde de toucher aux maires bonapartistes. L'interdiction que l'état de siége avait fait peser sur une foule de journaux ne fut pas levée, et l'*Indépendant* de Reims, l'*Égalité* de Marseille, le *Nord-Est* de Charleville, le *Progrès* de Châlons, l'*Emancipation* de Toulouse, la *France républicaine* de Lyon, le *Phare* de Dunkerque, l'*Union républicaine* de Bourges durent attendre des jours meilleurs. Un conseiller municipal de Paris se vit enlever l'exercice du droit de réunion au moment même où M. le capitaine de Mun et M. le commandant la Tour du Pin s'en servaient librement pour attaquer la République. Restèrent à leur poste les préfets qui représentaient le légitimisme, comme à Avignon, ou le parti de l'Empire, comme dans la Charente-Inférieure. Que dire encore? Le rapport Savary fut si bien oublié que l'organe orléaniste du centre droit dans le Rhône put écrire : « En pleine ville de Lyon le comité *militant* de l'appel au peuple s'épanouit dans toute son intumescence. »

Voilà quels fruits, à la fin du mois de mars, le vote des lois constitutionnelles se trouvait avoir portés. Jamais la France n'avait été moins en République que depuis la prétendue fondation de la République.

M. Dufaure l'ayant affirmée dans une de ses circulaires, M. Buffet défendit que cette circulaire fût insérée au *Journal officiel*, et n'y consentit qu'après avoir arraché à son collègue des modifications anti-républicaines. Il fit plus : il se déclara solidaire des actes de M. Scipion Doncieux, préfet du Vaucluse, lequel était resté fidèle à la politique du 24 mai et faisait du journal de la préfecture un arsenal d'injures à l'adresse du régime inauguré le 25 février. Chaque jour paraissaient des décrets qui touchaient au scandale. L'amiral La Roncière le Noury, appelé au commandement de l'escadre d'évolution, choisissait comme chef d'état-major M. Duperré, ancien aide de camp de l'ex-prince impérial. M. des Cilleuls, ancien chef du cabinet de M. de Cumont, était nommé sous-secrétaire de l'enseignement supérieur. M. Dufaure nommait maître des requêtes au conseil d'Etat

M. Levasseur de Précourt, clérical, bien connu comme tel. Des ennemis avérés de la République : MM. Doncieux, Pascal, de Tracy, Guigues de Champvans, figuraient au premier rang des fonctionnaires publics.

Du moins si cette politique réactionnaire avait été dénoncée à l'opinion par ceux dont c'était le devoir ! Mais on ne saurait trop le répéter : la part qu'ils avaient prise au vote des lois constitutionnelles les condamnait à en voiler les conséquences funestes. Après avoir involontairement trompé l'opinion, ils étaient réduits à la tromper volontairement. Ils se trouvaient fatalement placés dans l'alternative ou de faire en public leur *mea culpa* ou de se montrer satisfaits quand même. C'est ce dernier parti qu'adopta M. Gambetta. Dans un discours prononcé par lui à Belleville le 28 avril, non content de demander grâce pour la Constitution du 25 février, il osa dire : « On a été vite, et cependant savez-vous ce qui est arrivé ? C'est que l'œuvre vaut mieux, peut-être, que les circonstances qui l'ont produite ; c'est que, si nous voulons nous approprier cette œuvre et la faire nôtre, l'examiner, nous en servir, la bien connaître surtout, afin de bien l'appliquer, il pourrait bien se faire que cette Constitution, que nos adversaires redoutent d'autant plus qu'ils la raillent, que nos propres amis ne connaissent pas encore suffisamment, offrît à la démocratie républicaine le meilleur des instruments d'affranchissement et de libération qu'on nous ait encore mis entre les mains. »

Mais le Sénat? Pouvait-on se dissimuler que ceux qui en avaient eu les premiers l'idée avaient voulu créer là une citadelle pour l'esprit de réaction, organiser là une sorte de dernier refuge pour les dépossédés ou les refusés du suffrage universel? M. Gambetta n'allait pas jusqu'à le nier. Seulement, il prétendit que cette pensée ne serait point réalisée. Il donna du Sénat la définition que voici : « L'ancre de salut sur lequel devait reposer le vaisseau de l'Etat ;» et cette définition, il s'étudia de son mieux à la justifier, en montrant quelle part la Constitution donnait à l'esprit communal dans la nomination des sénateurs, d'où, selon lui, cette conséquence que le Sénat sorti des urnes serait « le grand conseil des communes françaises. »

Personne n'ayant poussé plus vivement que M. Gambetta à l'adoption de cette politique de compromis qui avait donné naissance à la Constitution du 25 février, on aurait compris qu'il plaidât les circonstances atténuantes ; mais vanter comme une victoire de la démocratie l'établissement d'un système en vertu duquel le sénateur élu par quarante électeurs était investi du droit de renvoyer l'élu de 100,000 citoyens; mais appeler « ancre de salut » un dualisme qui, mettant aux prises les deux grands pouvoirs de l'Etat et opposant le suffrage restreint au suffrage universel, ne pouvait être qu'une cause d'anarchie, qu'un principe d'instabilité; mais ne voir que l'éducation civique des paysans dans la prépondérance assurée aux hameaux sur les villes, aux ténèbres sur la lumière, et cela sans même attendre que les conseils municipaux eussent été renouvelés, que le choix des maires eût été rendu aux communes, que les préfets de M. de Broglie et de M. de Fourtou eussent fait place à des fonctionnaires républicains, que la diffusion de la vie politique eût été rendue possible par la liberté de réunion et la liberté de la presse, en vérité c'était de l'optimisme à outrance, et cette affectation d'optimisme ne se pouvait expliquer que par le désir de répondre coûte que coûte à ce reproche trop mérité : Quoi! c'est là la République que votre politique de transaction nous a donnée!

Mais le parti républicain pouvait-il se déclarer satisfait sans encourager ses alliés du moment à achever ce qu'ils avaient commencé? Ils n'y manquèrent pas. Le 18 mai, M. Dufaure vint donner lecture à la Chambre de deux lois organiques, dont l'une réglait tout ce qui avait trait aux élections sénatoriales, et dont l'autre avait trait aux rapports des pouvoirs publics entre eux.

Aux termes de celle-ci, les attributions du président de la République étaient conçues de manière à le faire autant que possible ressembler à un roi. Comme si ce n'était pas assez de lui avoir livré le droit de dissoudre la Chambre issue du suffrage universel, il s'agissait de l'investir du droit de la convoquer extraordinairement, de prononcer la clôture de ses travaux, de l'ajourner jusqu'à deux fois dans la même session.

Le projet portait que les Chambres seraient réunies en session cinq mois au moins chaque année, sans expliquer à quel contrôle pendant les sept autres mois le pouvoir exécutif serait soumis ; et que le président de la République négocierait les traités ; et qu'il les ratifierait ; et que, dans le délai fixé pour la promulgation des lois, à lui confiée, il pourrait, par un message motivé, demander aux deux Chambres une nouvelle délibération, laquelle ne pourrait être refusée.

C'était le complément du système qui, faisant

violence à la nature des choses et frappant la souveraineté du peuple dans ses mandataires, subordonne le pouvoir législatif au pouvoir exécutif, la tête au bras.

XXI

Mais il était dit que dans la voie des compromis les gauches iraient jusqu'au bout. Elles accueillirent donc avec une faveur marquée les projets présentés par M. Dufaure, seulement elles refusèrent de consentir à ce qu'on les renvoyât, comme il le demandait, à la commission des Trente, où elles n'étaient représentées que par cinq membres : MM. Dufaure, Cézanne, Laboulaye, Vacherot et Waddington.

M. Luro, déserteur du centre droit et un des fondateurs du groupe Wallon, prit vivement à partie la commission des Trente; il s'éleva contre la politique de combat ; il proposa de renvoyer les projets à l'examen d'une commission spéciale, et ses conclusions furent adoptées par l'Assemblée à la majorité de 320 voix contre 301.

Ce qui est à remarquer, c'est que, dans cette occasion, le groupe Wallon presque tout entier se rangea du côté de la minorité, c'est-à-dire vota en faveur de cette commission des Trente où l'esprit monarchique dominait et que présidait M. Batbie, l'inventeur de la politique de combat !

Après un pareil vote, les Trente n'avaient plus qu'à donner leur démission. C'est ce qu'ils firent par l'organe de leur président, et l'on ne s'occupa plus que de les remplacer.

Comment allait avoir lieu entre les diverses fractions de l'Assemblée la répartition des membres à désigner pour faire partie de la nouvelle commission? Telle était la question à résoudre.

Le 26 mai, dans une conférence qui eut lieu chez M. de Lavergne entre MM. Gambetta, Jules Ferry et Ricard, délégués de la gauche, et MM. Voisin et Beau, délégués du groupe Wallon, on tomba d'accord de donner quatorze membres aux gauches, cinq au groupe Wallon et onze aux droites, cet accord ne devant devenir définitif que lorsque le centre droit l'aurait ratifié. Mais le centre droit, interrogé, déclara ne vouloir donner aux gauches que treize membres, tandis qu'il en réclamait douze pour les droites.

Cette fois encore, les gauches cédèrent.

Restait à s'entendre sur les noms. Les gauches proposaient les 13 noms suivants : Gambetta, Cazot, Jules Ferry, Jules Simon, Duclerc, Le Royer, Humbert, Bethmont, Ricard, Delorme, Schérer, Laboulaye, Ernest Picard ; ces choix ne convinrent pas au centre droit, et notamment à M. le duc de Broglie qui, secondé par M. Bocher, déploya pour faire échouer toutes les combinaisons une activité extraordinaire. Après une journée entière passée en négociations, il n'y eut plus qu'un cri à Versailles : tout est rompu !

Irritées, les trois gauches décidèrent d'avoir leur liste à elles et de la déposer, sans se préoccuper des autres groupes. C'est ce qu'elles firent, et le scrutin leur donna une victoire complète, tellement complète que la droite dut à leur seule générosité d'avoir quatre représentants dans la commission nouvelle.

Cette commission fut composée comme suit :

Gauche et Union républicaine : MM. Cazot, Jules Simon, Jules Ferry, Le Royer, Humbert, Albert Grévy, Duclerc.

Centre gauche : MM. Laboulaye, Delorme, Krantz, Ricard, Bethmont, Ernest Picard, Christophle, Waddington, comte Rampon, de Marcère, Schérer et Vacherot.

Groupe Lavergne : MM. de Lavergne, Luro, Baze, Beau, Voisin, Cézanne, Adrien Léon.

Centre droit et droite : MM. Adnet, Delsol, de Sugny, Sacaze.

Les gauches étaient donc maîtresses du terrain. Libres des entraves dont les avait jusqu'alors chargées leur alliance avec le centre droit, rien ne les empêchait de modifier dans un sens démocratique les projets présentés par M. Dufaure. Mais les partisans du système des concessions à outrance n'avaient pas encore dit leur dernier mot. Les modifications apportées par la nouvelle commission des Trente au projet de loi sur les relations des pouvoirs publics furent d'une insignifiance lamentable, sauf sur un point : Par qui la guerre pourrait-elle être déclarée ?

Le projet du gouvernement ne s'était point expliqué à cet égard : la commission proposa que le président de la République ne fût admis à déclarer la guerre qu'avec l'assentiment des Chambres.

Sur la question, très-importante, de la permanence des Assemblées, la commission mit bas les armes. Que l'Assemblée dût siéger toute l'année sans interruption, personne ne le demandait ; mais quand on décidait que le Parlement siégerait cinq mois dans l'année, convenait-il que, pendant tout le reste du temps, le président gouvernât selon son bon plaisir et comme si l'Assemblée n'existait pas ? Cela était-il sans danger pour les libertés publiques ? Cela était-il conforme à la tradition républicaine ? Etait-ce ainsi que la République avait été comprise dans la Constitution de **1791**, et dans celle de l'an III, et dans celle de **1848** ?

Et s'il arrivait qu'un événement éclatât qui fût de nature à rendre la convocation de l'Assemblée nécessaire, absolument nécessaire, en dépit de l'opinion contraire du président, l'Assemblée ne pourrait-elle revenir avant d'avoir été rappelée ? Le gouvernement avait cru beaucoup faire en admettant que, dans ce cas, elle le pourrait, mais à la condition que cette nécessité serait constatée par la moitié moins une voix des deux Chambres : la commission, jugeant qu'un pareil nombre de voix serait impossible à réunir quand les Chambres étaient dispersées sur toute la surface du pays, crut faire beaucoup à son tour en demandant qu'on se contentât du tiers des voix.

Et pourtant, elle ne se faisait aucune illusion sur les dangers auxquels une nation est exposée lorsque la souveraineté du peuple n'y est pas continuellement en éveil et en action. M. Laboulaye, dans son rapport, disait : « L'hypothèse dans laquelle il faut se placer, hypothèse toute naturelle, et trop souvent vérifiée par les faits, c'est que, dans l'intervalle des sessions, après deux, trois, quatre mois de séparation, il peut arriver un événement considérable qui inquiète le pays et lui fasse désirer la réunion de ses représentants. Le plus souvent sans doute le gouvernement ira au-devant de ses vœux ; un ministère constitutionnel craindra d'engager sa responsabilité ; mais enfin il faut tout prévoir, et songer que la politique est faite pour défendre le pays contre les erreurs ou la faiblesse du gouvernement... Il est donc prudent de réserver la libre convocation du Parlement comme un moyen de salut. Il faut, sans doute, que le mode de convocation soit assez difficile pour ne pas encourager la témérité d'un parti turbulent ; mais il ne faut pas le compliquer de façon à en faire une déception pour le pays. C'est ce qui nous a fait choisir le chiffre d'un tiers, chiffre qu'il sera malaisé, mais non pas absolument impossible, d'obtenir dans l'intervalle des sessions. »

Ainsi, la nouvelle commission des Trente et son porte-parole, M. Laboulaye, croyaient tout gagné, s'ils rendaient *malaisée mais pas absolu-*

ment impossible une convocation du Parlement par lui-même, convocation qu'ils regardaient cependant comme un moyen de salut dans certaines circonstances.

Ce fut le 21 juin que se posa devant l'Assemblée la question de savoir si sur cet étrange projet de loi on passerait à une seconde délibération. La décision était connue d'avance. Le projet n'eut que deux contradicteurs : M. Madier-Montjau et moi.

En le présentant, le vice-président du conseil avait un but qu'il ne dissimula point. Il s'agissait pour lui de donner à la Constitution du 25 février un complément qui en mît en pleine lumière le caractère monarchique. « Nous nous sommes placés, avait-il dit tout d'abord, au point de vue où l'on s'est mis pour faire la Constitution du 25 février. Elle confère au chef de l'Etat des attributions qui ne sont pas celles d'un président ordinaire de République. »

Ce n'était que trop vrai. Etaient-ce les attributions d'un président ordinaire de la République que celles qui consistaient dans le droit de dissoudre la Chambre des représentants du peuple, de la convoquer extraordinairement, de prononcer la clôture de ses travaux, de l'ajourner jusqu'à deux fois dans la même session, et, comme couronnement d'un pouvoir si considérable, de gouverner pendant sept mois sur douze seul et libre de tout contrôle? Voilà ce que je demandai, et à cela rien ne fut répondu.

M. Madier-Montjau, qui occupa la tribune après moi, fit, avec son éloquence et sa fougue ordinaires, le procès du genre de royauté qu'on nous donnait: « Si je dois subir la royauté, dit-il, je la veux palpable, visible, tangible, portant son vrai nom, parce que mon pays alors saura, comme moi, ce qu'il a devant lui, et il pourra, par ses actes, dire si elle est l'objet de son amour ou de sa haine aujourd'hui, comme elle l'est incontestablement depuis un siècle. Mais si elle entre déguisée par la poterne; si, sous apparence de suffrage universel, avec l'appoint peut-être de quelque stathoudérat modeste, se faisant sympathique, cherchant la popularité, elle arrive et s'assied sur cette forte base du suffrage universel et du nom de la République, je m'alarme; car, en ce cas, je vois bien le danger, mais je ne vois pas aussi bien le remède. »

Ici encore, qu'y avait-il à répondre? Aussi M. Buffet s'étudia-t-il, le lendemain, dans un long discours, à détourner le débat. Il parut s'étonner que lorsqu'en son nom et au nom de ses collègues, il avait présenté le programme du nouveau Cabinet, ce programme n'eût été combattu ni par les hommes de la gauche, ni par M. Madier-Montjau lui-même. Il savait bien pourquoi cependant. Il savait que le silence de la gauche républicaine, sinon celui de l'honorable membre auquel il s'adressait, avait été le résultat fatal de la politique acharnée des compromis. Il savait que les gauches ne elèrveraient pas, ne pourraient relever ce défi : « Si vous voulez un débat, nous demandons formellement qu'il puisse se terminer par un vote clair, formel, d'approbation ou de désapprobation de la conduite du ministère. » C'était jeter aux gauches, avec une grande affectation de fierté, un gant qu'elles s'étaient mises hors d'état de ramasser.

J'ai hâte d'arriver au terme. Les séances des 7 et 15 juillet furent, hélas! ce qu'elles devaient être, après tout ce qu'on vient de lire. Je les ai résumées dans une lettre que je publiai à cette époque et par laquelle je terminerai ce douloureux récit :

Quelle séance que celle du 15 Juillet! Comme elle a bien montré ce que valent et ce que durent les alliances formées en dehors de toute communauté de principes, de toute convergence d'aspirations! Quel coup terrible et décisif a été porté à la politique des concessions à outrance!

C'était l'horreur du bonapartisme qui, dans l'Assemblée, avait conduit le parti républicain à vouloir en finir coûte que coûte avec le provisoire, à vouloir sans plus de délai fonder un gouvernement, et le fonder à tout prix, — même au prix du pouvoir constituant reconnu à cette Assemblée à laquelle on l'avait tant de fois, et si formellement, et si solennellement dénié ; même au prix de la souveraineté nationale ainsi violée ; même au prix de cette force morale qu'un grand parti tire de son invariable adhérence à ce qui constitue le fonds de sa doctrine et la teneur de ses déclarations.

C'était sous la pression des alarmes excitées par les manœuvres du bonapartisme, par son audace croissante, par ses appels à un coup d'Etat, que des républicains, très-convaincus cependant et très-énergiques, s'étaient résignés à faire faire par des royalistes une République qui, sortant de pareilles mains, ne pouvait être qu'une monarchie déguisée et mal déguisée.

C'était dans le patriotique espoir d'arracher aux agitations entretenues par les espérances factieuses d'un prétendant impérial la France affamée de repos, que ces mêmes républicains avaient voté la Constitution du 25 février à la hâte, sans discussion, le cœur ému, mais les yeux fermés.

Eh bien, dans la séance du 15 juillet, au jour marqué pour l'exécution du parti de l'Empire, que s'est-il passé ?

Après un discours de M. Rouher, vrai prodige d'arrogance et d'audace, après une écrasante réplique de M. Savary, on a vu le vice-président du conseil épouser la cause des bonapartistes, leur demander presque pardon de ce que le préfet de police avait osé contre eux, s'associer à leurs sentiments de regret, se vanter d'avoir couvert d'une protection persistante ceux d'entre eux qui remplissent des fonctions publiques ; puis, pour combler la mesure, reprendre le thème calomnieux du duc de Broglie, et revenir, contre le parti républicain, à la théorie des gouvernements de combat.

On croit rêver quand on se rappelle l'ardeur, qu'au mois de mars 1875, les trois gauches mirent à nommer M. Buffet président de l'Assemblée, et la joie que leur causa la nouvelle qu'il consentait enfin à être ministre !

Mais si tragiques et si instructives que soient les déclarations faites par M. Buffet dans la séance du 15 juillet, elles ne sont pas ce que cette séance tristement mémorable offre de plus instructif et de plus tragique.

Provoqué par le vice-président du conseil, le parti républicain pouvait-il prendre son mal en patience ? Pouvait-il souffrir en silence qu'on détournât des bonapartistes, pour la diriger injustement contre lui, l'accusation sur laquelle l'Assemblée avait à se prononcer ?

Et, d'un autre côté, si une voix républicaine s'élevait pour répondre à l'attaque, pour confondre le ministre qui, d'une façon si étrange, intervertissait les rôles, pour mettre à la raison l'accusateur qui à ce point se trompait d'accusés, était-il bien sûr qu'une grande crise n'éclaterait pas, que la majorité constitutionnelle du 25 février ne tomberait pas en poussière, que les résultats de la politique de compromis ne seraient pas perdus, et que, par cela même, cette politique qu'on avait poursuivie avec tant de fougue et au prix de tant de sacrifices, ne se trouverait pas condamnée !

Pour moi, je félicite hautement M. Gambetta de n'avoir pas hésité devant cette alternative ; je le félicite hautement d'avoir fait passer avant la crainte de défaire son œuvre — déjà bien menacée, du reste — le devoir de venger la conscience publique outragée.

Mais, ce qui est certain, c'est que la situation parlementaire, née du vote des lois constitutionnelles, a subi, dans la séance du 15 juillet, une modification profonde ; c'est que la résurrection d'une majorité de droite est devenue tout au moins probable ; c'est qu'il y a quelque chose de sinistre dans le vote de confiance accordé au ministère, par 444 voix, après des déclarations si favorables au parti bonapartiste et si hostiles au parti républicain.

Que reste-t-il donc de la politique qui a conduit au vote des lois constitutionnelles ? Il reste un gouvernement protecteur de l'Empire, une majorité menaçante, l'état de siège maintenu, l'arbitraire encouragé, la mainmorte rétablie, le cléricalisme triomphant, la dissolution retardée, et enfin une Constitution dans laquelle la République est chargée de liens que la prochaine Assemblée sera impuissante à dénouer.

Donc, pas d'illusions ! le mal est grand.

Mais loin de moi la pensée qu'il soit sans remède.

Si l'on s'attachait un peu moins à suivre les indications de ce qu'on nomme l'esprit politique, et beaucoup plus à réveiller la conscience publique endormie, aurait-on longtemps à signaler des faits semblables à ceux qui, chaque jour, se passent sous nos yeux ?

On se souvient de l'amendement présenté par M. Marcou dans la séance du 7 juillet dernier. Il s'agissait de savoir si l'on sauverait du naufrage des institutions républicaines le principe de la permanence des assemblées ; si, pendant sept mois sur douze, le pouvoir exécutif, libre de tout contrôle, aurait la faculté d'agir à sa guise, de changer ses ministres à volonté, de braver l'opinion publique ou de lui imposer silence, de se frayer un chemin vers la dictature, de compromettre la France vis-à-vis de l'étranger par des négociations mal inspirées ou mal conduites ; si, pendant sept mois sur douze, l'action de la souveraineté du peuple serait suspendue.

Soutenu par M. Marcou avec beaucoup de force et d'élévation, le principe de la permanence des assemblées fut combattu vivement par M. Buffet. Or, telle était la fatalité de la situation créée par le système des concessions à outrance, tel était le trouble jeté par cette situation dans les plus fermes esprits, dans les âmes les plus sincères, qu'à l'exception d'une cinquantaine de républicains, dont vingt-trois votèrent l'amendement de M. Marcou et dont les autres s'abstinrent, tous les membres de la gauche prirent parti pour M. Buffet, c'est-à-dire contre le principe de la souveraineté du peuple !

Un spectacle plus extraordinaire encore est celui de MM. Savary et Rouher, violemment opposés l'un à l'autre dans le débat du 15 juillet et rapprochés par le vote de confiance qui le termina.

Ce sont là de tristes symptômes. Il faut revenir à une disposition d'esprit plus saine, à une conduite plus virile. La première condition pour que la République existe, c'est que les mœurs soient républicaines.

La République finira par triompher, parce que, de nos jours et en France, elle est une phase inévitable de l'esprit humain ; mais elle ne triomphera que lorsque les mots répondront aux idées et qu'on appellera République... la République ; que lorsqu'il y aura conciliation sans confusion ; que lorsque la prudence ne consistera pas à craindre de déployer son drapeau et la sagesse à s'embarquer sans boussole ; que lorsque, les principes cessant de paraître une gêne et d'être regardés comme un anachronisme, on les préférera aux expédients, et qu'on refusera résolument de sacrifier ce qui dure à ce qui passe.

On dira : la République a duré. Oui ; mais à

quelle condition ? A la condition de n'avoir rien d'une véritable République. Et quelle existence que la sienne entre la dédaigneuse indifférence des uns et l'hostilité des autres ? Si elle avait été l'œuvre d'une Assemblée constituante, nommée *ad hoc* par le peuple, son maintien aurait-il été, le 16 mai, au prix d'une guerre civile effroyable ? Remarquons aussi qu'elle a été servie par quelques-uns de ces hasards qui déjouent tous les calculs de la sagesse humaine. Combien plus menaçante pour elle eût été l'action du parti bonapartiste, s'il ne s'était trouvé au bout de la terre un sauvage pour démontrer la fragilité des pouvoirs qui tiennent à la vie d'un homme ! Un coup de sagaie a fait de l'Empire un héritage sans héritier. Mais qu'est-ce qu'une Constitution dont la durée possible dépend d'un coup de sagaie?

APPENDICE

APPENDICE

I

CONSTITUTION DE 1875

Loi du 25 *février* 1875 *sur l'organisation des Pouvoirs publics.*

Art. 1er. Le pouvoir législatif s'exerce par deux Assemblées : la Chambre des députés et le Sénat.

La Chambre des députés est nommée par le suffrage universel, dans les conditions déterminées par la loi électorale.

La composition, le mode de nomination et les attributions du Sénat sont réglés par une loi spéciale.

Art. 2. Le Président de la République est élu à la majorité absolue des suffrages par le Sénat et par la Chambre des députés réunis en Assemblée nationale. Il est nommé pour sept ans ; il est rééligible.

Art. 3. Le Président de la République a l'initiative des lois, concurremment avec les membres des deux Chambres ; il promulgue les lois lorsqu'elles ont été votées par les deux Chambres ; il en surveille et assure l'exécution.

Il a le droit de faire grâce ; les amnisties ne peuvent être accordées que par une loi.

Il dispose de la force armée.

Il nomme à tous les emplois civils et militaires.

Il préside aux solennités nationales ; les envoyés et les ambassadeurs des puissances étrangères sont accrédités auprès de lui.

Chacun des actes du Président de la République doit être contresigné par un ministre.

Art. 4. Au fur et à mesure des vacances qui se produiront à partir de la promulgation de la présente loi, le Président de la République nomme, en conseil des ministres, les conseillers d'État en service ordinaire.

Les conseillers d'État ainsi nommés ne pourron

être révoqués que par décret rendu en conseil des ministres.

Les conseillers d'État nommés en vertu de la loi du 24 mai 1872 ne pourront, jusqu'à l'expiration de leurs pouvoirs, être révoqués que dans la forme déterminée par cette loi.

Après la séparation de l'Assemblée nationale, la révocation ne pourra être prononcée que par une résolution du Sénat.

Art. 5. Le Président de la République peut, sur l'avis conforme du Sénat, dissoudre la Chambre des députés avant l'expiration légale de son mandat.

En ce cas, les colléges électoraux sont convoqués pour de nouvelles élections dans le délai de trois mois.

Art. 6. Les ministres sont solidairement responsables devant les Chambres de la politique générale du Gouvernement et individuellement de leurs actes personnels.

Le Président de la République n'est responsable que dans le cas de haute trahison.

Art. 7. En cas de vacances par décès ou pour toute autre cause, les deux Chambres réunies procedent immédiatement à l'élection d'un nouveau

Président. Dans l'intervalle, le conseil des ministres est investi du pouvoir exécutif.

Art. 8. Les Chambres auront le droit, par délibérations séparées, prises dans chacune à la majorité des voix, soit spontanément, soit sur la demande du Président de la République, de déclarer qu'il y a lieu de reviser les lois constitutionnelles.

Après que chacune des deux Chambres aura pris cette résolution, elles se réuniront en Assemblée nationale pour procéder à la révision.

Les délibérations portant révision des lois constitutionnelles, en tout ou partie, devront être prises à la majorité absolue des membres composant l'Assemblée nationale.

Toutefois, pendant la durée des pouvoirs conférés par la loi du 20 novembre 1873 à M. le Maréchal de Mac-Mahon, cette révision ne peut avoir lieu que sur la proposition du Président de la République.

Art. 9. Le siége du pouvoir exécutif et des deux Chambres est à Versailles.

Loi relative à l'organisation du Sénat.
(Du 24 février 1875.)

Art. 1er. Le Sénat se compose de trois cents membres :

Deux cent vingt-cinq élus par les départements et les colonies, et soixante-quinze élus par l'Assemblée nationale.

Art. 2. Les départements de la Seine et du Nord éliront chacun cinq sénateurs.

Les départements de la Seine-Inférieure, Pas-de-Calais, Gironde, Rhône, Finistère, Côtes-du-Nord, chacun quatre sénateurs.

La Loire-Inférieure, Saône-et-Loire, Ille-et-Vilaine, Seine-et-Oise, Isère, Puy-de-Dôme, Somme, Bouches-du-Rhône, Aisne, Loire, Manche, Maine-et-Loire, Morbihan, Dordogne, Haute-Garonne, Charente-Inférieure, Calvados, Sarthe, Hérault, Basses-Pyrénées, Gard, Aveyron, Vendée, Orne, Oise, Vosges, Allier, chacun trois sénateurs.

Tous les autres départements, chacun deux sénateurs.

Le territoire de Belfort, les trois départements de l'Algérie, les quatre colonies de la Martinique, de la Guadeloupe, de la Réunion et des Indes françaises éliront chacun un sénateur.

Art. 3. Nul ne peut être sénateur, s'il n'est Français, âgé de quarante ans au moins, et s'il ne jouit de ses droits civils et politiques.

Art. 4. Les sénateurs des départements et des colonies sont élus à la majorité absolue, et, quand il y a lieu, au scrutin de liste, par un collége réuni au chef-lieu du département ou de la colonie, et composé :

1° Des députés ;

2° Des conseillers généraux ;

3° Des conseillers d'arrondissement ;

4° Des délégués élus, un par chaque conseil municipal, parmi les électeurs de la commune.

Dans l'Inde française, les membres du conseil colonial ou des conseils locaux sont substitués aux conseils généraux, aux conseils d'arrondissement et aux délégués des conseils municipaux.

Ils votent au chef-lieu de chaque établissement.

Art. 5. Les sénateurs nommés par l'Assemblée sont élus au scrutin de liste et à la majorité absolue des suffrages.

Art. 6. Les sénateurs des départements et des colonies sont élus pour neuf années et renouvelables par tiers tous les trois ans.

Au début de la première session, les départements sont divisés en trois séries, contenant chacune un égal nombre de sénateurs; il sera procédé, par la voie du tirage au sort, à la désignation des séries qui devront être renouvelées à l'expiration de la première et de la deuxième période triennale.

Art. 7. Les sénateurs élus par l'Assemblée sont inamovibles.

En cas de vacance par décès, démission ou toute autre cause, il sera, dans les deux mois, pourvu au remplacement par le Sénat lui-même.

Art. 8. Le Sénat a, concurremment avec la Chambre des députés, l'initiative et la confection des lois.

Toutefois, les lois de finance doivent être, en premier lieu, présentées à la Chambre des députés et votées par elle.

Art. 9. Le Sénat peut être constitué en cour de justice pour juger soit le Président de la République, soit les ministres, et pour connaître des attentats commis contre la sûreté de l'État.

Art. 10. Il sera procédé à l'élection du Sénat un mois avant l'époque fixée par l'Assemblée nationale pour sa séparation.

Le Sénat entrera en fonctions et se constituera le jour même où l'Assemblée nationale se séparera.

Art. 11. La présente loi ne pourra être promulguée qu'après le vote définitif de la loi sur les pouvoirs publics.

Loi du 16 *juillet* 1875 *sur les rapports des pouvoirs publics.*

Art. 1er. Le Sénat et la Chambre des députés se réunissent, chaque année, le second mardi de janvier, à moins d'une convocation antérieure faite par le Président de la République.

Les deux Chambres doivent être réunies en session cinq mois au moins chaque année. La session de l'une commence et finit en même temps que celle de l'autre.

Le dimanche qui suivra la rentrée, des prières publiques seront adressées à Dieu dans les églises et dans les temples pour appeler son secours sur les travaux des Assemblées.

Art. 2. Le Président de la République prononce la clôture de la session. Il a le droit de convoquer extraordinairement les Chambres ; il devra les convoquer, si la demande en est faite dans l'intervalle des sessions par la majorité absolue des membres composant chaque Chambre.

Le Président peut ajourner les Chambres. Toutefois, l'ajournement ne peut excéder le terme d'un mois, ni avoir lieu plus de deux fois dans la même session.

Art. 3. Un mois avant le terme légal des pouvoirs du Président de la République, les Chambres devront être réunies en assemblée nationale pour procéder à l'élection du nouveau Président.

A défaut de convocation, cette réunion aura lieu de plein droit le quinzième jour avant l'expiration de ces pouvoirs.

Au cas de décès ou de démission du Président

de la République, les deux Chambres se réunissent immédiatement et de plein droit.

Dans le cas où, *par application de l'article 2 de la loi du 25 février 1875*, la Chambre des députés se trouverait dissoute au moment où la Présidence de la République deviendrait vacante, les colléges électoraux seraient aussitôt convoqués, et le Sénat se réunirait de plein droit.

Art. 4. Toute assemblée de l'une des deux Chambres qui serait tenue hors du temps de la session est illicite et nulle de plein droit, sauf le cas prévu par l'article précédent et celui où le Sénat est réuni comme cour de justice ; et, dans ce dernier cas, il ne peut exercer que des fonctions judiciaires.

Art. 5. Les séances du Sénat et celles de la Chambre des députés sont publiques.

Néanmoins, chaque Chambre peut se former en comité secret sur la demande d'un certain nombre de ses membres, fixé par le règlement.

Elle décide ensuite, à la majorité absolue, si la séance doit être reprise en public sur le même sujet.

Art. 6. Le Président de la République communique avec les Chambres par des messages qui sont lus à la tribune par un ministre.

Les ministres ont leur entrée dans les deux Chambres et doivent être entendus quand ils le demandent. Ils peuvent se faire assister par des commissaires désignés, pour la discussion d'un projet de loi déterminé, par décret du Président de la République.

Art. 7. Le Président de la République promulgue les lois dans le mois qui suit la transmission au Gouvernement de la loi définitivement adoptée. Il doit promulguer dans les trois jours les lois dont la promulgation, par un vote exprès dans l'une et l'autre Chambre, aura été déclarée urgente.

Dans le délai fixé pour la promulgation, le Président de la République peut, par un message motivé, demander aux deux Chambres une nouvelle décision qui ne peut être refusée.

Art. 8. Le Président de la République négocie et ratifie les traités. Il en donne connaissance aux Chambres aussitôt que l'intérêt et la sûreté de l'État le permettent.

Les traités de paix, de commerce, les traités qui engagent les finances de l'État, ceux qui sont relatifs à l'état des personnes et au droit de propriété des Français à l'étranger, ne sont définitifs qu'après avoir été votés par les deux Chambres. Nulle cession, nul échange, nulle adjonction de territoire ne peut avoir lieu qu'en vertu d'une loi.

Art. 9. Le Président de la République ne peut déclarer la guerre sans l'assentiment des deux Chambres.

Art. 10. Chacune des Chambres est juge de l'éligibilité de ses membres et de la régularité de leur élection ; elle peut seule recevoir leur démission.

Art. 11. Le bureau de chacune des deux Chambres est élu chaque année pour la durée de la session, et pour toute session extraordinaire qui aurait lieu avant la session ordinaire de l'année suivante.

Lorsque les deux Chambres se réunissent en Assemblée nationale, leur bureau se compose des présidents, vice-présidents et secrétaires du Sénat.

Art. 12. Le Président de la République ne peut être mis en accusation que par la Chambre des députés, et ne peut être jugé que par le Sénat.

Les ministres peuvent être mis en accusation par la Chambre des députés pour crimes commis dans l'exercice de leurs fonctions. En ce cas, ils sont jugés par le Sénat.

Le Sénat peut être constitué en cour de justice par un décret du Président de la République, rendu en conseil des ministres, pour juger toute personne prévenue d'attentat contre la sûreté de l'État.

Si l'instruction est commencée par la justice ordinaire, le décret de convocation du Sénat peut être rendu jusqu'à l'arrêt de renvoi.

Une loi déterminera le mode de procéder pour l'accusation, l'instruction et le jugement.

Art. 13. Aucun membre de l'une ou de l'autre Chambre ne peut être poursuivi ou recherché à l'occasion des opinions ou votes émis par lui dans l'exercice de ses fonctions.

Art. 14. Aucun membre de l'une ou de l'autre Chambre ne peut, pendant la durée de la session, être poursuivi ou arrêté en matière criminelle ou correctionnelle, qu'avec l'autorisation de la Chambre dont il fait partie, sauf le cas de flagrant délit.

La détention ou la poursuite d'un membre de l'une ou de l'autre Chambre, est suspendue pendant la durée de la session, et pour toute sa durée, si la Chambre la requiert.

II

DISCOURS DE M. GAMBETTA

Assemblée nationale. — *Séance du* 12 *février* 1875.

M. Gambetta. Messieurs, en ne votant pas la clôture tout à l'heure et en laissant s'engager ce débat, l'Assemblée a gagné d'acquérir sur la situation politique pendante de véritables lumières. (Rumeurs au centre.)

Oui, messieurs, car on vient de nous apprendre comment, à l'aide de certaines habiletés de procédure parlementaire, on pouvait défaire les majorités vraies et constituer des majorités factices. (Très-bien ! à gauche. — Interruptions à droite.)

Un membre à droite. Qu'est-ce que cela veut dire ?

M. Gambetta. Vous allez comprendre, messieurs, et vous avez déjà compris ; mais c'est une habitude invétérée chez vous de ne jamais vouloir confesser ce qui vous nuit et ce qui est à votre désavantage. (Bruit.)

M. le ministre des affaires étrangères vous disait tout à l'heure : Nous avons pris un engagement au mois de mars 1873, c'est de voter un Sénat, c'est de voter l'organisation des pouvoirs publics et leur transmission. (Interruptions à droite.)

M. de Belcastel. Nous nous sommes engagés à statuer, non pas à voter !

M. Gambetta. M. le ministre vous rappelle cet engagement. Qui est-ce qui a exercé une pression dans la journée d'aujourd'hui pour que cet engagement soit ouvertement violé ? (Applaudissements à gauche.)

Qui est-ce qui a dit, pendant deux ans, et surtout depuis le 24 mai, qui est-ce qui a répété sur tous les tons, faisant intervenir à chaque instant la personne et la parole du chef de l'État, qui est-ce qui a dit et répété que l'on traînait en longueur, que l'on mettait trop de temps pour préparer et formuler la Constitution à donner à la France ? Qui est-ce qui l'a dit? Vous! Qui est-ce qui a réussi à l'empêcher aujourd'hui ? Vous! (Acclamations et applaudissements répétés à gauche.) Et si vous étiez, messieurs, comme vous vous en targuez malheureusement trop souvent sans raison, de véritables conservateurs, savez-vous ce que vous feriez? Vous demanderiez à ce cabinet six fois battu et toujours persistant... (Exclamations et rires au centre droit.)

Est-ce que vous niez que vous avez été battus ?... (Applaudissements à gauche.)

Vous lui demanderiez compte de cette politique qui consiste à arracher des votes à l'aide du Maréchal et, quand les votes sont obtenus, à venir en recueillir le bénéfice, après l'avoir compromis et amoindri aux yeux de l'Assemblée et aux yeux du pays. (Applaudissements à gauche.)

Messieurs, nous épaississons depuis trop longtemps le voile qui empêche le pays de voir clair dans ses affaires, mais, puisque l'occasion est venue aujourd'hui, sachons en profiter pour dire à la France — cela est nécessaire — qu'il y a dans cette Assemblée un grand parti qui, par attachement à ses convictions, à ses principes traditionnels, refusait de reconnaître à cette Assemblée unique et souveraine le pouvoir constitutionnel, mais que sous la pression de l'intérêt général de la France, la nécessité... (Exclamations et rires à droite. — Applaudissements à gauche.)

M. de Gavardie prononce quelques paroles qui ne parviennent pas jusqu'à la tribune.

M. Gambetta. Monsieur de Gavardie, vous me répondrez ; faites-moi grâce de vos interruptions. (Très-bien ! sur quelques bancs à gauche.)

Je dis, messieurs, que nous vous avions donné le spectacle d'un parti que vous aviez souvent qualifié d'intransigeant, d'excessif, d'exclusif, de rebelle à tout compromis et à toute transaction politique ; nous vous avions donné ce spectacle, non sans quelque courage, et sans de grands sacrifices de la part de nos aînés et de nos devanciers dans la vie politique, nous vous avions donné ce spectacle de nous associer à vous et de vous dire : Conservateurs, vous voulez bien reconnaître que, après l'échec et l'avortement définitif de vos espérances monarchiques, il est temps enfin de donner à la France un gouvernement qui pourra rester dans vos mains, si vous êtes sincères et véritablement épris de ces principes libéraux dont vous nous parlez sans cesse et dont vous suspendez constamment l'application. (Bravos et applaudissements à gauche.)

Nous vous avons dit : Eh bien, nous faisons

taire nos scrupules, nous prenons sur nous de faire aux nécessités générales de l'État, troublé au dedans, menacé au dehors, et qui a plus besoin que jamais de gagner sur les heures qui s'écoulent un temps que lui convoite la jalousie de ses adversaires dans le monde; nous prenons sur nous de capituler entre vos mains, si vous voulez faire un gouvernement modéré et conservateur. (Nouveaux bravos et applaudissements à gauche. — Exclamations à droite.)

Nous avons consenti à diviser le pouvoir, à créer deux Chambres; nous avons consenti à vous donner le pouvoir exécutif le plus fort qu'on ait jamais constitué dans un pays d'élection et de démocratie; nous vous avons donné le droit de dissolution, et sur qui? Sur la nation elle-même, au lendemain du jour où elle aurait rendu son verdict! (Vive approbation et applaudissements à gauche).

Nous vous avons donné le droit de révision; nous vous avons tout donné, tout abandonné! Abandonné... non, parce que nous avions la confiance que vous étiez sincères, que vous ne cherchiez pas dans des remises, dans des stratagèmes de procédure constitutionnelle, je ne sais quel guet-apens qui aurait renouvelé celui de décembre! (Bravos à gauche. — Vives protestations à droite et cris: A l'ordre! à l'ordre!)

M. le président. L'orateur ne peut pas...

M. Gambetta. Monsieur le président, si vous aviez avec votre fermeté et votre clairvoyance ordinaires saisi ma parole, vous auriez vu qu'elle ne pouvait donner lieu ni à une critique ni à une intervention de votre part.

En effet, qu'ai-je dit, messieurs? Ah! je vous prends à témoins, vous qui siégez à l'extrémité de la droite de cette Assemblée, est-il vrai, oui ou non... (Exclamations ironiques à droite.)

A gauche. A l'ordre! à l'ordre! C'est inconvenant!

M. Gambetta. Est-il vrai, oui ou non, que vous échangiez tous les jours... Oh! je dirai toute la vérité; j'irai jusqu'au bout; si vous trouvez que ce n'est pas la vérité, eh bien! vous monterez à cette tribune pour me confondre. (Très-bien! très-bien! à gauche.)

Est-il vrai, oui ou non, que ceux qui ont gardé inaltérable la foi monarchique vous accusent chaque jour dans leurs journaux, dans leurs écrits, et trahissent dans toutes leurs conversations la crainte que dans cette entreprise constitutionnelle lentement élaborée dans les souterrains de la commission des Trente... (Exclamations au centre), comme l'a dit M. Raoul Duval, — l'expression n'est pas de moi, messieurs, j'en cite l'auteur, — il y a des ambitions, d'aucuns disent des trahisons...

Une voix à droite. C'est bien ambigu.

M. Gambetta. C'est de l'Ambigu, dites-vous, monsieur? Respectez donc la tribune et moi-même! (Applaudissements sur plusieurs bancs à gauche.)

M. le vicomte Blin de Bourdon. On a dit: C'est ambigu!

M. Gambetta. Je demande le nom de la personne qui croit que nous sommes ici au spectacle; il est probable que c'est un homme d'un goût raffiné; mais il ne serait pas indifférent de le connaître.

Plusieurs membres à gauche. Il ne se nommera pas!

M. de Gavardie s'adressant à M. Gambetta. Prenez des attitudes respectables! (Exclamations à gauche.)

M. le président. Veuillez ne pas interrompre, monsieur de Gavardie!

M. Gambetta. Je dis, messieurs, que vous savez fort bien quelles ambitions princières on accuse...

Un membre à droite. Vous ne le croyez pas !

M. Gambetta. Savez-vous pourquoi je ne le crois pas ? C'est parce qu'elles sont absolument irréalisables.

Oui, je dirai la vérité, elles sont absolument irréalisables, et c'est ce qui fait que ceux qui ont refusé leur vote et qui appartiennent à ce parti cherchent, dans l'avenir, des succès ou des victoires que le parti orléaniste ne peut pas connaître, car, né d'un accident, il ne peut vivre qu'à l'aide d'une oligarchie la plus restreinte, laquelle se dissipe et disparaît à la grande lumière de la souveraineté nationale.

Ceux-là étaient accusés, étaient suspects d'ourdir une nouvelle conspiration des 221 pour surprendre la République. Nous n'y avons pas cru et nous n'avons pas hésité ; nous avons été loyalement à eux et nous leur avons dit : Voulez-vous faire la République modérée, conservatrice ? (Rires à droite.)

Oui, messieurs, il vous plaît de rire à ces mots de « République conservatrice. » Eh bien, soyez convaincus que lorsque vous aurez épuisé toutes les combinaisons qui hantent encore l'esprit de certains de nos collègues, lorsqu'il aura bien fallu finir par remettre à la France le dépôt de sa souveraineté et que, conformément à ses habitudes, à son génie, à ses nécessités, elle aura un gouvernement républicain, alors vous ne rirez plus de la République conservatrice, vous la demanderez, et vous aurez raison. (Bravos à gauche.)

Je reprends, et je dis que cette alliance nous l'avons, non pas offerte, mais conclue, alors que nous avons mis nos votes avec les vôtres, alors que nous vous avons concédé tout cet appareil, tout ce régime protecteur, mûré à triple enceinte, dans lequel vous pouviez abriter le gouvernement des doctrines de votre choix.

Mais cela ne vous a pas suffi, vous avez voulu aller plus loin, exiger davantage ; vous avez voulu préparer un Sénat qui fût à vous, exclusivement à vous. Peut-être cependant n'auriez-vous pas insisté dans ces prétentions extrêmes, et c'est ici que se place la responsabilité du cabinet. Hier, vous aviez fait une majorité ; vous avez fait aujourd'hui deux majorités. Dans la journée le cabinet, dont l'existence politique individuelle et collective était mise en question d'une façon véritablement définitive si cette majorité restait constituée, le cabinet s'est précipité chez le Maréchal, et il en est revenu avec une déclaration. Il vous l'a lue ; l'a-t-il commentée, expliquée? a-t-il apporté un argument, une raison politique? Non, il s'est caché derrière cette épée et il vous a fait voter. (Applaudissements à gauche.)

Eh bien, je dis qu'il est nécessaire que de pareils procédés de gouvernement finissent; je dis qu'il est nécessaire que nous mettions un terme à cette maladie qui nous travaille depuis tantôt deux ans d'échouer coup sur coup dans toutes les entreprises, dans toutes les lois que nous élaborons; je dis qu'il n'est que temps de reconnaître que notre mandat est épuisé, que nous ne pouvons pas le retenir sous prétexte d'éviter je ne sais quel péril d'aventures. Il me semblait, quant à moi, que les hommes placés à la tête de la France étaient faits pour la rassurer et non pour l'inquiéter... (Nouveaux applaudissements à gauche.)

Comment! messieurs, c'est un pays comme le nôtre, où depuis quatre ans il n'y a pas eu un trouble, où le suffrage universel a été mis en mouvement par masses énormes à propos de tous les corps électifs, où vous n'avez pas pu constater, je ne dis pas des séditions, mais même ces rixes, ces violences dont les pays les plus libres donnent malheureusement le tableau, c'est ce pays plein d'un tel dévouement, de cette ardeur au travail, de cet esprit d'ordre et qui vous en donne tant de gages, qui s'attache à la légalité comme à la dernière ancre de salut qui lui reste... (Bravos à gauche) c'est ce pays qu'un ministre est venu, pour ainsi dire, traîner à la barre aujourd'hui, calomnier ! (Nouveaux bravos à gauche.) Ah ! il n'y a qu'une chose qui vous soit une excuse, c'est qu'évidemment celui qui l'a traité ainsi, c'est le membre le plus étranger à la politique extérieure de la France. (Protestations au banc des ministres.)

Oh ! ne protestez pas ; votre politique extérieure ne vaut pas mieux que votre politique intérieure, je vous le prouverai. (Rumeurs sur plusieurs bancs.)

Un membre à droite. Vous avez donc des agents à l'étranger ?

M. Gambetta. Je n'ai pas d'agents, non, mais j'ai du temps, de la patience et je lis, monsieur. Je vous souhaite d'en faire autant.

Messieurs, je termine ces observations trop longues à votre sens et au mien aussi, car croyez qu'il m'en coûte de m'imposer à votre patience, je termine ces observations en vous disant que vous avez prononcé, non pas l'ouverture de nouveaux débats constitutionnels, comme semblent le croire l'honorable M. Waddington et l'honorable M. Vautrain, car vous n'êtes pas une académie en perpétuel travail de constitution, mais plutôt une décision définitive. Vous avez décidé, aujourd'hui, que vous ne passeriez pas à une troisième lecture, ce qui veut dire que vous avez rayé volontairement la loi du Sénat de vos projets.

Vous ne le nierez pas, car cela n'est malheureusement que trop vrai.

Et maintenant voici ce que j'ai à vous dire : Je sais — pardonnez-moi de froisser vos illusions — je sais qu'il en est encore parmi vous qui poussent cet esprit de sagesse et de transaction politique jusqu'à l'héroïsme et qui croient pouvoir encore rencontrer dans des rangs où rien de solide ne s'est présenté, des auxiliaires pour cette œuvre impossible ; oui, je le sais. Eh bien, expérimentez vos illusions, la déception ne tardera pas à venir. Jusqu'à présent nous vous avons donné des gages, — je l'ai dit et je le maintiens, — plus tard on nous jugera, et on nous jugera moins sévèrement malgré les fautes que nous avons pu commettre, que vous ne serez jugés vous-mêmes. Plus tard on dira que vous avez manqué la seule occasion peut-être de faire une République véritablement ferme, légale et modérée. (Applaudissements répétés à gauche. — L'orateur, en regagnant sa place, reçoit les félicitations de ses collègues.)

III

DISCOURS DE M. LOUIS BLANC

Assemblée nationale. — Séance du 21 *juin* 1875.

M. Louis Blanc. Messieurs, dans quel esprit a été conçu le projet de loi qui vous est soumis ? M. le vice-président du conseil s'est expliqué à cet égard avec une entière franchise. « Nous nous sommes placés, a-t-il dit, au point de vue où l'on s'est mis pour faire la Constitution du 25 février. Elle donne au chef de l'État des attributions qui ne sont pas celles d'un Président ordinaire de République. »

Ah ! ce ne serait pas, en effet, un Président ordinaire de République que celui qui aurait, outre le droit de dissoudre la Chambre des représentants du peuple, le droit de la convoquer extraordinairement ; le droit de prononcer la clôture de ses travaux ; le droit de l'ajourner jusqu'à deux fois dans la même session ; et, comme complément de ces attributions si considérables, le droit de gouverner pendant sept mois sur douze, seul et libre de tout contrôle.

Et ce ne serait pas non plus une république ordinaire que celle dans laquelle, durant l'intervalle des sessions, la Chambre des représentants du peuple ne pourrait se convoquer par initiative parlementaire qu'au moyen d'une formalité presque impossible à remplir.

La nation, messieurs, dans une république, étant le souverain, la loi étant l'expression de sa volonté, les législateurs étant ses mandataires, toute atteinte portée au pouvoir législatif est une atteinte portée à la souveraineté même de la nation.

Est-il d'ailleurs conforme à la nature des choses que le pouvoir exécutif dans l'État domine le pouvoir législatif ? Mais autant vaudrait dire qu'il est dans la nature des choses que, dans le corps humain, le bras domine la tête. Eh bien, messieurs, c'est à établir cette domination anormale que vise chacune des dispositions du projet qu'on vous présente. (Très-bien ! sur quelques bancs à droite.)

Le Gouvernement n'en a pas fait mystère.

« Le Gouvernement, a dit M. le vice-président du conseil, ajouterait volontiers aux attributions du Président ; mais il ne consentirait à aucun retranchement. Le pouvoir exécutif, dans une république, doit avoir une très-large place. »

Lorsqu'on lui a demandé : Accepteriez-vous que la convocation pût avoir lieu sur la demande des bureaux, avec adjonction d'un certain nombre de membres ? il a répondu laconiquement : Non.

Lorsqu'on a montré à l'honorable M. Dufaure combien il serait difficile de recueillir, lorsque les membres de l'Assemblée seraient dispersés, les 451 signatures requises pour la convocation par initiative parlementaire, il a répondu : « Nous reconnaissons que l'exercice de ce droit serait très-difficile ; mais c'est précisément là ce que nous avons voulu ; c'est la base même de notre système. »

Voilà donc le but de la loi nettement accusé. (Très-bien ! sur quelques bancs à gauche.) S'il arrivait, comme plusieurs membres de la commission des Trente l'ont fait remarquer, — rien de tel, bien entendu, n'aura lieu sous la présidence du maréchal de Mac-Mahon, mais qu'importe, ce n'est pas pour lui seul, n'est-ce pas, que la Constitution est faite ? (Interruptions à gauche) — si donc il arrivait que, durant l'intervalle des sessions, le pouvoir exécutif abusât de son autorité d'une manière criante, ou se préparât, par une série de mesures habilement combinées, à frapper avec succès un coup d'État, ou s'engageât dans des négociations aboutissant à une guerre désastreuse, est-ce qu'il n'y aurait aucun inconvénient à ce que la convocation des Chambres rencontrât ces obstacles qui sont, assurez-vous, la base même de votre système ?

S'il y avait prévarication de la part des ministres, n'y aurait-il aucun inconvénient à ce qu'il fût difficile de leur demander des comptes ?

S'il y avait lieu de mettre en accusation le chef de l'État, puisque son irresponsabilité ne va pas jusqu'à couvrir le crime de haute trahison, est-ce qu'il n'y aurait aucun inconvénient à ce qu'il fût difficile de sauver le pays et de le venger ?

En vérité, messieurs, quand j'examine la constitution dn 25 février, j'admire que M. le vice-président du conseil ne l'ait pas trouvée suffisamment monarchique, et qu'il ait cru indispensable de la rendre plus monarchique encore.

Quoi ! la constitution du 25 février décide qu'en ce qui concerne la désignation du chef de l'État, la souveraineté de la nation restera inactive et suspendue pendant cinq grandes années ; du privilége de la rééligibilité conféré au Président de la République, il résulte que, dans le cas de deux réélections successives, la présidence de l'homme revêtu de cette dignité pourrait durer vingt et un ans. (Exclamations en sens divers,) plus que n'a duré le premier Empire, plus que n'ont duré les règnes de Charles X et de Louis XVIII, plus que n'a duré le règne de Louis-Philippe, plus que n'a duré le second Empire. (Interruptions à droite.)En vertu de cette constitution du 25 février, le Président de la République est irresponsable comme un roi ; il a le droit de dissoudre la Chambre des représentants du peuple, comme un roi ; il a le droit de grâce, comme.un roi ; il a l'initiative des lois, que n'avait point Louis XVI ; il est reçu non-seulement à disposer de la force publique, mais à la commander en personne : bref, messieurs, nous avons un roi moins l'hérédité. (Nouvelles interruptions à droite,) différence qui n'est pas, pratiquement parlant, bien notable, dans un pays où il n'y a pas eu, depuis un siècle, un empereur, pas un roi, qui ait laissé le trône à son fils. (Rumeurs diverses.

M. Madier de Montjau. Très-bien.

M. Louis Blanc. Et tout cela n'a pas suffi aux regrets ou aux aspirations monarchiques de M.le vice-président du conseil !... (Rires sur plusieurs bancs)... et il a trouvé que la place réservée au Président n'était pas encore assez large ! et même après la constitution du 25 février, complétée par la loi qu'on vous propose, il ajouterait volontiers aux attributions du Président de la République.

Voudrait-il donc que de la République il ne restât plus rien, rien si ce n'est le mot... (Mouvements divers), apparemment pour mieux couvrir aux yeux du peuple l'absence de la chose ?

Du reste, messieurs, il n'est pas sans exemple que le nom de la République ait figuré dans les actes mêmes qui la détruisaient. Est-ce que la constitution de 1804 ne commençait pas en ces termes : « Le gouvernement de la République est confié à un empereur, qui prend le titre d'empereur des Français. » (Rires à droite. — C'est vrai ! à gauche.)

Il est donc bien certain que pour que la République soit fondée, il ne suffit pas qu'elle soit nominalement établie; l'essentiel est que son organisation corresponde à sa nature.

On dit : Gardez-vous de la logique à outrance ! Et moi je dis : Gardez-vous de l'illogisme à outrance ! N'allez pas croire qu'il vous soit possible d'emmailloter la Républipue dans des institutions antirépublicaines, sans courir le risque, ou de gêner outre mesure sa croissance, ou de la pousser un jour à briser violemment ses langes. (Exclamations ironiques à droite.)

Une pareille erreur, messieurs, serait pire qu'une erreur, car elle contient un danger ; et le signaler ce n'est pas se perdre dans les théories, ce n'est pas exagérer le culte des principes, ce n'est pas mettre une formule au-dessus de l'intérêt du pays, c'est faire acte de politique pratique, acte de patriotisme, acte de bon sens.

J'ai entendu reprocher aux législateurs de 1848 d'avoir été trop logiques; ils ne le furent pas assez. Non contents de repousser l'amendement Grévy, qui nous aurait sauvés du 2 décembre, de l'Empire et de l'invasion, non contents de créer un Président de la République et de s'en remettre à d'autres qu'eux-mêmes du soin de le désigner, de telle sorte qu'il pût invoquer le suffrage universel contre l'Assemblée comme l'Assemblée pouvait l'invoquer contre lui, ils lui assignèrent une longue durée de quatre ans... (Nouvelles exclamations à droite), en un mot, ils donnèrent au pouvoir parlementaire un rival, et plus qu'un rival.

Après cela, qu'importait qu'on écrivît dans la Constitution : « Toute mesure par laquelle le Président dissout l'Assemblée, la proroge, ou met obstacle à son pouvoir, est un crime de haute trahison? » Bien vaine précaution que celle-là ! Il est absurde de créer une force contre laquelle on est obligé de s'armer d'avance. Ou abstenez-vous de rendre un homme trop puissant, ou ne le poussez pas à chercher sa sûreté dans l'agrandissement de sa puissance. Lorsqu'il se sentit menacé, Louis Bonaparte se réfugia dans l'usurpation : pour qu'on n'osât rien contre lui, il osa tout contre la liberté. (Très-bien ! très-bien ! sur plusieurs bancs à gauche.)

Messieurs, vouloir la prédominance du pouvoir exécutif sur le pouvoir législatif, c'est oublier que cette prédominance, réalisée ou convoitée, a été, depuis un siècle, la source de tous nos déchirements politiques.

L'insurrection du 10 août, le 18 brumaire, le conseil des Anciens vengé par la Chambre des Cent jours, et un triomphe parlementaire sortant des grandes funérailles de Waterloo, la révolution de 1830, celle de 1848, le 2 décembre : autant d'actes du même drame, le drame du conflit ardent qu'aurait prévenu la subordination du pouvoir qui exécute au pouvoir qui décide. (Très-bien ! sur plusieurs bancs du côté gauche.)

M'opposera-t-on l'exemple de l'Angleterre ? Là aussi, messieurs, tant que la prédominance parlementaire n'y a pas été parfaitement assurée, la paix publique a été troublée par les fureurs d'un antagonisme violent : témoin les luttes à la suite desquelles Charles Ier succomba, la dispersion du parlement par Cromwell, et, plus tard, les orages du règne de Charles II.

Aujourd'hui, si l'Angleterre vit, politiquement, d'une vie tranquille, c'est précisément parce que l'idée de la prédominance nécessaire du pouvoir législatif sur le pouvoir exécutif y a tout à fait prévalu ; c'est parce que la reine s'y renferme dans un rôle d'inaction pompeuse, lequel serait incompatible avec les devoirs et le caractère d'un Président de République et se contente d'être le symbole de l'aristocratie, qui, aujourd'hui, n'existe pas chez nous ; c'est parce que toute la puissance exécutive y est concentrée entre les mains d'un premier ministre qui est censé nommé par la reine, mais qui est en réalité nommé par la Chambre des Communes, laquelle le renvoie dès qu'il lui déplaît ; c'est enfin parce que le pouvoir exécutif dépend d'une manière si absolue du pouvoir législatif qu'un publiciste distingué, M. Bagehot, a pu écrire avec vérité : « En Angleterre, le Cabinet est une simple commission parlementaire. »

Pour ce qui est des États-Unis, messieurs, l'honorable M. Laboulaye ne me contredira pas, je l'espère, si j'affirme que le pouvoir du président y est infiniment moins considérable et y a un tout autre caractère que celui dont vous voulez investir le chef de l'État en France.

Est-ce qu'aux États-Unis le président a droit de dissolution, d'ajournement, de prorogation ? Est-ce que son droit de nommer aux emplois publics est absolu ? Est-ce qu'il a entrée au congrès, d'où ses ministres sont exclus comme lui-même, et où son influence ne pénètre que par voie indirecte ?

Aux États-Unis, messieurs, — je cite les propres paroles d'un homme qui a bien connu et bien décrit l'Amérique, M. Alexis de Tocqueville, — « aux États-Unis, le pouvoir exécutif est placé à côté de la législature comme un pouvoir inférieur et dépendant. »

Et voyez, messieurs, combien est grave la question que soulève le projet de loi du Gouvernement. Est-ce l'esprit monarchique qui domine en France dans les régions officielles,au moment où je parle, est-ce l'esprit républicain ?

Je ne sais si acclimater la liberté politique est une œuvre aussi délicate que l'honorable M. Laboulaye le dit dans son rapport, mais ce que je sais bien, c'est que le vote des lois constitutionnelles n'a rien changé à la manière dont l'œuvre d'acclimatation, avant ce vote, avait été comprise. (Très-bien ! sur plusieurs bancs à gauche.)

Car, enfin, messieurs, nous sommes en République, et à une administration notoirement formée pour combattre les républicains... (Rumeurs à droite. — Assentiment sur quelques bancs à gauche.) M. le vice-président du conseil envoyait, du haut de cette tribune, dès le lendemain même de son avènement, la promesse solennelle d'un constant appui.

Nous sommes en République, et tandis que certains agents du pouvoir tremblent de prononcer le nom de la République, d'autres la laissent complaisamment comparer à la marque qu'on imprimait avec un fer rouge sur les épaules des forçats. (Exclamations et rires à droite. — Mouvements divers.)

Nous sommes en République, et les préfets du 24 mai sont là, toujours là, et les maires choisis en dehors des conseils municipaux pour leur hostilité reconnue à la République sont maintenus ; et l'on s'étonne d'apprendre, au milieu du calme le plus profond, que dans des villes bien connues comme villes républicaines, les visites domiciliaires suivies d'arrestations se multiplient. (Nouvelles interruptions à droite. — Très-bien ! très-bien ! sur plusieurs bancs à gauche.) et dans quarante départements, aujourd'hui encore, après la République définitivement établie, dit-on, dans quarante départements, sur l'ordre d'un général, tout journal peut être supprimé, suspendu, ruiné ; et dans le reste de la France, semblable droit de vie et de mort est donné à qui ? aux préfets, aux préfets du 24 mai ! (Exclamations et rires à droite.)

Comment, messieurs ! mais cela est certain !

Un membre, à droite, ironiquement. Et abominable !

M. Louis Blanc. Et grâce au régime monstrueux de l'autorisation préalable, la pensée est proscrite avant de naître. (Oh ! oh ! à droite.)

Et si l'on parle de lever l'état de siége, c'est en nous prévenant que le retour à l'ordre légal est chose à racheter, la presse, dans ce cas, devant payer la rançon.

Ce n'est pas tout. Par la suppression des élections partielles, par le vote qui tend à rétablir la mainmorte... (Rumeurs à droite,) par celui qui restreint outre mesure la liberté des cours et des conférences, par celui qui vise à livrer le haut enseignement à la direction de cette puissante association dont le chef est à Rome... (Exclamations et murmures sur plusieurs bancs à droite,) on a porté à la République, depuis le vote des lois constitutionnelles, les coups les plus rudes qu'il fût possible de lui porter. Eh bien, chose très-curieuse à remarquer, qui s'est associé aux coups frappés sur la République dans cette occasion ? M. le ministre de l'instruction publique... (Rires et applaudissements à droite.)

M. le marquis de La Rochethulon. C'est lui qui a fait la République !

M. le président. N'interrompez pas, messieurs!

M. Louis Blanc... M. le ministre de l'instruction publique, le chef de l'université, et le plus vanté des personnages auxquels a été attribuée la fondation de la République ! (Nouveaux rires à droite.)

Ceci vous démontre, messieurs, que le projet de loi présenté par le Gouvernement se lie aux derniers efforts de l'esprit monarchique contre l'esprit républicain. Ce qu'on vous demande pour le pouvoir présidentiel, on vous le demande pour l'esprit monarchique ; ce qu'on dispute au pouvoir parlementaire, on espère l'enlever à l'esprit républicain.

Aussi ne puis-je me défendre d'un pénible sentiment de surprise en voyant avec quelle sérénité l'honorable rapporteur de la commission adhère à un projet semblable. (Sourires à droite.)

Au banc de la commission. Le rapporteur et la commission elle-même!

M. Louis Blanc. Ce projet contenait une lacune que la commission a comblée en proposant que la guerre ne pût être déclarée qu'avec l'assentiment des Chambres. De cela, messieurs, on ne saurait trop féliciter votre commission ; mais croit-elle, par hasard, qu'il n'y ait qu'à réduire de la moitié au tiers la proportion des membres requis pour la convocation par initiative parlementaire pour résoudre toutes les difficultés, pour répondre à toutes les objections et écarter tous les périls ? Non, elle ne le croit pas, puisque le rapport avoue que même ce chiffre d'un tiers serait malaisé à obtenir. Non, elle ne le croit pas, puisque le rapport avoue, en ce qui touche les principales dispositions de ce projet de loi, que ce sont les usages de la monarchie constitutionnelle, que c'est un droit nouveau introduit dans une république, que c'est l'abandon de la tradition républicaine.

Votre commission a donc bien mesuré la portée des propositions qui vous sont faites. Et comment, dès lors, ne pas s'étonner qu'elle y adhère ?

J'entends : Il faut, eu égard à l'état des partis dans l'Assemblée, être sage, très-sage... (Rumeurs ironiques à droite) ; il faut savoir comprendre que la politique vit de transactions et de compromis ; il faut ne rien négliger pour gagner à la République les esprits prévenus et les âmes effarouchées ; il faut se hâter vers la dissolution de l'Assemblée en évitant toute querelle, et cela coûte que coûte.

A ces considérations, dont je ne méconnais pas la portée et qui sont dictées par un sentiment que je respecte, je voudrais pouvoir me rendre : je l'essaye en vain.

Sacrifier à je ne sais quelles combinaisons éphémères de couloir... (Très-bien ! très-bien ! et applaudissements à droite) l'intérêt permanent, l'intérêt suprême de la paix publique dans l'avenir, n'est-ce pas faire passer la petite sagesse avant la grande ?

Serait-ce un compromis dont des républicains auraient lieu d'être satisfaits, que celui qui consisterait, de leur part, à tout donner sans rien recevoir, et, de la part de l'autre contractant, à tout recevoir sans rien donner?...

M. Hervé de Saisy. Très-bien ! très-bien !

M. Louis Blanc..... ou, si l'on aime mieux, qui consisterait dans l'échange d'un mot, contre la chose que ce mot exprime ?

Il est sans doute très-désirable de chercher à gagner à la République le plus de partisans possible ; et je conviens que, pour y réussir, le parti républicain doit se montrer un parti pratique, sachant tenir compte des circonstances, capable de procéder par réformes graduelles, capable d'aller à son but sans brûler l'étape. (Mouvements divers.)

Mais encore lui convient-il de ne pas compromettre son principe pour éviter le reproche d'en vouloir tirer d'un coup, prématurément, toutes les conséquences.

Et où serait, je le demande, l'avantage de gagner des partisans, de faire des convertis à une République qui ne serait pas la République... (Applaudissements ironiques à droite), qui, née d'idées contradictoires, composée d'éléments inconciliables, n'aurait qu'une puissance de séduction trompeuse?...

M. le marquis de Grammont. Ce langage est honnête!

M. Louis Blanc..... et ressemblerait à ces monstres de la fable, moitié femmes, moitié poissons... (Hilarité bruyante et prolongée.)

M. le comte de Douhet. Ils chanteraient moins bien que les sirènes!

M. Louis Blanc..... qui, par la douceur de leur chant, attiraient les passagers sur les écueils?

Sans doute il est aussi très-désirable que la nation rentre le plus tôt possible dans l'exercice de sa souveraineté, mais non d'une souveraineté amoindrie, mutilée, rendue impotente. Vous êtes impatients d'arriver à la dissolution de l'Assemblée. Oh! je comprends cette impatience; j'y applaudis, je la partage; je suis de ceux qui n'ont pas attendu le vote des lois constitutionnelles pour la ressentir et pour demander bien haut qu'on rendît au peuple le dépôt de sa souveraineté lorsque ce dépôt était encore intact. (Très-bien ! sur quelques bancs à gauche.) Mais, prenez-y garde, messieurs, une fois la loi qu'on vous propose votée, l'Assemblée prochaine ne pourra rien, absolument rien contre elle.

Un membre au centre. Nous l'espérons bien !

M. Louis Blanc. Si vous vous trompez, le mal sera, et de bien longtemps, irréparable.

Et ne vous laissez pas abuser par le mirage de la révision. Rappelez-vous que jusqu'en 1880 la révision dépend du maréchal Président, et de lui seul. Rappelez-vous que, même après 1880, il n'y aura de révision possible qu'avec le concours du Sénat, de qui personne aujourd'hui ne peut dire avec certitude si les ennemis de la République n'y seront pas en majorité.

Sur plusieurs bancs. C'est vrai ! — Très-bien !

M. Louis Blanc. Oui, messieurs, prenez-y garde ! Les liens dont il s'agit d'enserrer la République sont de telle nature, qu'ils ne pourront pas être brisés de longtemps, et qu'ils ne le seraient peut-être un jour qu'au prix de ce que tous, tant que nous sommes, nous avons intérêt à éviter : une révolution !

Et c'est pourquoi le spectacle que j'ai sous les yeux m'inquiète.

Non que ma foi dans les destinées de la République en soit ébranlée ; je sais, je sens, j'affirme que quoi qu'on fasse, on ne lui ôtera pas l'avenir. J'en ai pour garants les épreuves qu'elle a surmontées, la facilité avec laquelle on l'a toujours vue se relever de dessous les ruines au fond desquelles on la croyait ensevelie. (Interruptions à droite.)

M. le baron de Barante. Des ruines qu'elle avait faites !

M. Louis Blanc. J'en atteste l'appel fait à son pouvoir sauveur chaque fois que la patrie était en danger..... (Exclamations ironiques à droite) ; j'en atteste son adhérence au suffrage universel dont elle partage désormais l'indestructible vitalité !

Non, non, je ne crains pas pour la République les résistances dont j'aperçois le germe dans les lois qu'on vous propose ; mais je crains pour mon pays, qui a tant souffert et qui a tant besoin de repos, les agitations qui empêcheraient la République de se montrer tout d'abord au monde comme le gouvernement par excellence de la concorde et de la paix. (Exclamations à droite.)

Car, messieurs, la République, telle que la veut

quiconque mérite de l'aimer, est celle qui, effaçant les vestiges de nos dissensions civiles, embrassant dans sa haute sollicitude les travailleurs de toutes les conditions, s'appliquant à réaliser ce que tous les intérêts ont de solidaire, demanderait la grandeur de la France à l'harmonieux emploi des facultés, des volontés et des vertus de tous ses enfants. (Très-bien! très-bien! et applaudissements sur plusieurs bancs à gauche.)

IV

DISCOURS DE M. MADIER DE MONTJAU

Assemblée nationale. — Séance du 21 juin 1875.

M. Madier de Montjau. Messieurs, personne ne se présente à cette tribune pour défendre le projet de loi que mon honorable et illustre ami, M. Louis Blanc, vient d'attaquer avec tant de force et de talent et que je viens attaquer encore. C'est bon signe pour la cause que nous défendons ; cela vaut mieux qu'un discours, et cela me donne quelque courage.

Ce qui m'en donne aussi, c'est que je suis convaincu que, de ce débat, sortira quelque chose... (Interruptions)... car M. Louis Blanc a fait appel à la franchise, à la netteté, et, sur le banc des ministres qui est en face de moi, j'ai pu juger, à quelques signes, que l'on entendait répondre à cet appel. (Mouvements divers.)

Fort bien ! mais, dès à présent, avant qu'on ait parlé, il me sera permis de dire mon sentiment sur les pensées, sur les intentions qu'il était aisé de deviner sous ces manifestations bien claires.

J'ai devant moi des hommes qui, le 10 mars, à la suite des votes de janvier et de février qui venaient d'établir une République plus ou moins satisfaisante, mais *une République*, ont reçu de la majorité victorieuse le pouvoir : et ces ministres applaudissaient le commentaire que faisait mon honorable ami de leurs paroles dans la commission, de leur loi ; ils laissaient entendre que cette loi n'est pas leur dernier mot, que ce qu'ils n'ont sans doute pas demandé encore, ils le demanderont bientôt (Rires sur plusieurs bancs à droite.) Or, comment M. Louis Blanc interprétait-il leurs paroles, leur loi ?

Il leur disait : Ministres de la République — car, bon gré, mal gré, vous l'êtes, messieurs, ne l'oubliez pas ! — ce que vous proposez, ce que vous défendez, ce n'est pas la République ; c'en est la négation, c'est la monarchie déguisée !

A cette affirmation, on donnerait aisément l'appui de textes précieux. Ainsi, par la nouvelle loi, vous voulez que le Président puisse, non-seulement, — ce que vous lui avez accordé déjà, — dissoudre l'Assemblée, mais dans une période de cinq mois l'ajourner deux fois, un mois durant, et lui demander encore autant de nouvelles délibérations qu'il lui plaira, sur autant de lois qu'il y en aura qui ne lui agréeront pas. C'est, sous une forme différente de celle que vous avez cru prudent d'écarter, c'est le veto, dont M. le garde des sceaux pressentait bien que ce nom viendrait aux lèvres de tous, lorsque en vous présentant l'article 6 de sa loi, il cherchait à vous démontrer que cet article n'avait rien de commun avec ce funeste système. Mais vous avez beau changer le nom, la chose reste.

Ajourner l'Assemblée, lui demander autant qu'on le veut des délibérations nouvelles, suspendre, par conséquent, l'exécution des lois qu'elle vote, c'est faire revivre le *veto* suspensif, et je pourrais même dire que c'est faire quelque chose de plus, car d'ajournement en ajournement, de délibérations en délibérations, paralysant sans cesse l'Assemblée, retardant indéfiniment l'exécution de ses volontés, n'est-ce pas user du *veto* absolu plutôt que du *veto* suspensif? Or, voulez-vous savoir, messieurs, ce que pense du *veto*, sous un gouvernement républicain, alors que l'essence du Gouvernement c'est la souveraineté nationale, un des hommes les plus considérables de notre temps, un des plus experts et des plus autorisés qui soient en ces graves questions ?...

Voici ce que je lis dans une des premières et des plus célèbres histoires de la Révolution française, à propos de ce grand débat de septembre 1789, sur la question du *veto* qui sépara pour toujours et comme elle ne l'avait jamais été auparavant, l'Assemblée constituante en deux camps : celui de la droite, qui prit parti pour le *veto*, celui de la gauche, qui se prononça contre lui.

L'auteur expose les causes de la défaite des Mounier, des Lally, révolutionnaires indécis qui s'arrêtaient avant d'avoir fini l'œuvre... (Ah ! ah ! à droite), et demandaient le veto sans se hasarder cependant à nier, sous la monarchie même, la toute-puissance de la volonté nationale.

« On ne s'expliqua pas, dit-il, nettement dans la discussion ; aussi, malgré le génie et le savoir répandus dans l'Assemblée, la question fut mal traitée et peu entendue. Les partisans de la constitution anglaise, Necker, Mounier, Lally, ne surent pas voir en quoi devait consister la monarchie ; et, quand ils l'auraient vu, ils n'auraient pas osé dire nettement à l'Assemblée que la volonté nationale ne devait point être toute-puissante, et qu'elle devait empêcher plutôt qu'agir. Ils s'épuisèrent à dire qu'il fallait que le roi pût arrêter les usurpations d'une Assemblée ; que, pour bien exécuter la loi et l'exécuter volontiers, il fallait qu'il y eût coopéré ; qu'il devait exister enfin des rapports entre le pouvoir exécutif et le pouvoir législatif.

« Ces raisons, » dit en 1823 M. Thiers, partisan alors de la monarchie (Rires à droite) « ... ces raisons, si l'on admettait que la souveraineté nationale prévalût dans le gouvernement d'alors, ces raisons étaient mauvaises, ou tout au moins faibles.

« Il était ridicule, en effet, en reconnaissant la souveraineté nationale, de vouloir lui imposer la volonté unique du roi. »

A combien plus forte raison, messieurs, n'est-il pas, — pour me servir d'une expression que je n'aurais pas osé introduire dans ce débat, mais que j'emprunte sans scrupule à l'écrivain déjà éminent alors, au grand politique qui a depuis occupé ici une place si élevée dans la République, — à combien plus forte raison n'est-il pas ridicule que la volonté d'un Président de la République, c'est-à-dire du gouvernement dont l'essence est la souveraineté nationale, puisse dire à la représentation nationale : Tu n'iras pas plus loin ! et que, non content de la dissoudre, il puisse encore la suspendre, l'ajourner et lui imposer, à son gré, des délibérations nouvelles sans nombre ! (Très-bien ! très-bien ! à droite. — C'est très-logique !)

Ce que vous faites, c'est donc la monarchie ; et ce n'est pas seulement en nous demandant le *veto* c'est en exigeant que nous réduisions notre vie, notre action, notre surveillance à une période de cinq mois sur douze. Oui, voilà ce qu'on ne craint pas de dire à une Assemblée, médiocrement républicaine, je le sais... (Hilarité à droite), mais enfin, qui a eu cet honneur de naître de la volonté du pays, d'être chargée de le représenter, et qui, quels que soient ses sentiments et ses espérances, doit se souvenir de son origine et tenir à honneur de défendre ses droits ; on ose venir lui dire : Tu apparaîtras pour subsister, éphémère, grâce faisant, pendant moins de la moitié de l'année ; tu gouverneras comme tu pourras pendant ce temps, et, le terme légal de ta durée venu, l'échéance rigoureuse arrivée, l'heure de ta fin sonnée à l'horloge, tu disparaîtras ! Le Président, interrompant s'il lui plaît ta discussion commencée, te refusant, s'il lui plaît, le droit de mettre à ton ordre du jour, ou de continuer à débattre la loi la plus urgente à ton avis, te dira : Va-t-en ! ton heure est passée ; à moi de gouverner seul désormais, hors de ta présence, sans tes conseils ; à moi l'honneur ; à moi le pouvoir ; à moi le prestige !... Voilà ce que vous appelez la République ! (Très-bien ! et rires à droite.)

M. Prax-Paris. Voilà un républicain !

M. Madier de Montjau. Eh bien, non ! c'est sa négation, sa négation formelle, absolue, sa négation... — je cherche un mot parlementaire — ... plus que hardie.

Car enfin, ce qu'a dit mon honorable ami M. Louis Blanc est vrai : Vous êtes « la tête, » le grand pouvoir, disons mieux, la puissance unique, puisque toute autre dérive d'elle. Le pouvoir exécutif, au contraire, il faut bien qu'il le sache, ce pouvoir exécutif que M. le garde des sceaux déclare sans restriction, « indépendant, » et qui ne l'est cependant que dans une mesure restreinte, dans l'exercice seulement des fonctions pour lesquelles il a été créé, entendez-le bien, monsieur le garde des sceaux... (Exclamations et rires à droite)... ce pouvoir exécutif n'est que le mandataire de l'Assemblée, son délégué ; il est, — je le dis sans intention blessante, je le dis parce que c'est une vérité légale, une vérité politique incontestable, — il est notre subordonné !

On veut qu'il devienne un « pouvoir fort, » pour me servir de l'expression consacrée dont l'usage fréquent a presque toujours précédé quelque révolution, et, pour qu'il le devienne, on le veut seul dominant l'édifice de nos institutions, fixant sur lui l'attention, les hommages, gouvernant pendant sept longues années, sans que vous puissiez, s'il lui plaît, être rassemblés, vous, hors des six mois légaux, à moins d'une entente que l'on sait, que l'on veut, qu'on avoue impossible aussi bien dans l'hypothèse de l'admission de l'amendement de l'honorable M. Ricard que si le texte de l'honorable garde des sceaux était adopté ; je veux dire cette entente du tiers plus un de 750 représentants répandus sur tous les points de la France, et qui, en cas de péril, courraient les uns après les autres, en poste et en chemin de fer, à la recherche de leurs collègues et du salut du pays, jusqu'à ce qu'ils fussent en nombre plus un, pour dire au Président de la République, non le Président actuel, assurément, mais un autre, peut-être : Halte-là ! vous ne ferez pas de coup d'Etat !

Il n'y a qu'un inconvénient à ce système, messieurs, et vous le savez tous aussi bien que moi : c'est que, pendant qu'on se courra ainsi, le coup d'Etat aura eu dix fois le temps de se faire et de triompher. (Rires et applaudissements sur divers bancs à droite.)

M. de Tréveneuc. L'Assemblée était présente quand le coup d'Etat de 1851 a eu lieu !

M. Madier de Montjau. Oui ! Vous savez tous cela, messieurs les ministres, vous vous l'êtes dit bien avant que je vous le dise, car vous n'avez pour ainsi dire pas cessé de toucher aux affaires depuis un quart de siècle que j'en suis éloigné, et je n'ai la prétention de rien vous apprendre.

Vous savez à merveille et ce que vous faites, et ce qui peut en résulter, et ce que vous voulez faire. Mais comment, alors, le laissiez-vous si clairement apercevoir ?

Ah ! vous voulez un pouvoir fort ! Mais ce qui fait le pouvoir fort par excellence, c'est ceci : le respect de la loi par le pouvoir d'abord, la foi qu'il met en elle, son intention sincère de la faire respecter sans restreindre, sans élargir ses conséquences, et de lui faire porter tous ses fruits, rien que ses fruits naturels.

Et cependant, ministres de la République, vous venez nous demander ce qui est incompatible avec son essence même ! Quel respect de la loi ! quel exemple !

Eh bien, messieurs, il faut clairement s'expliquer ; il faut que ceux qui nous ont fait l'honneur de venir à la République, de venir à nous... (Interruptions à droite), si tant est, hélas ! que ce ne soit pas plutôt nous qui soyons allés à eux... (Rires à droite.) — Oh ! ce n'est point une ironie assurément contre mes amis. Il serait étrange qu'on la vît dans ce que je viens de dire ; car on les félicite de leur conduite, on les en glorifie, et ils s'en glorifient eux-mêmes ; je ne puis donc songer à railler.

Je dis, messieurs, que l'occasion est bonne pour nous expliquer avec nos nouveaux amis... (Exclamations et rires à droite) sur ce qu'ils veulent et sur ce que nous voulons. Cette franchise est nécessaire ; nous ne pouvons pas toujours vivre dans le vague et dans l'équivoque, ni eux, ni nous, ni surtout notre cher pays qui n'y trouverait pas son compte. (Marques d'assentiment sur plusieurs bancs à droite. — Parlez ! parlez !)

Ce que nous voulons, nous, c'est la souveraineté du peuple, réelle, indubitable, c'est-à-dire, pour me servir du commentaire que donne Benjamin Constant de ces mots, la supériorité de la volonté de tous sur la volonté d'un seul ou de quelques-uns.

Voilà ce que nous voulons, et cela exclut bien des choses que vous avez déjà fait voter... (Nouveaux rires à droite.) A plus forte raison, toutes celles que vous nous demandez aujourd'hui, qui n'en sont pas la conséquence forcée, monsieur le ministre, comme vous le dites, qui n'en dérivent pas nécessairement, comme vous le prétendez, car de ce qu'on vous a déjà donné beaucoup, beaucoup trop, à mon sens, il ne suit pas le moins du monde logiquement qu'on doive vous donner tout ! (Mouvement.)

Cela, nous ne le voulons pas, et c'est pour cela

que quelques-uns de mes amis au moins, dont j'espère voir à la fin de cette discussion le nombre singulièrement grossi, ne prêteront pas les mains à la confection de la loi qu'on nous présente, et pour laquelle la commission a eu un patronage qui m'étonne et une indulgence, à mon sens, singulière. Nous la combattrons, nous voterons contre elle, dussions-nous être seuls, car nous voulons qu'au moins ceux-là qui, dans le pays, nous honorent de leur confiance, sachent, par notre conduite, ce qu'elle est, cette loi, ce que nous en pensons.

Vous voulez la voter ? — Je parle à nos nouveaux amis. (Ah ! ah ! à droite.) — Vous la voulez voter ? Mais alors, ce que vous voulez, ce n'est pas la démocratie, ce n'est pas la souveraineté du peuple, ce n'est pas « la supériorité de la volonté de tous sur la volonté d'un seul ou de quelques-uns, » c'est la monarchie, sous une autre forme. (Approbation et rires ironiques à droite.) C'est le oup de la fable qui a revêtu, pour croquer le troupeau, le hoqueton du berger.

Et si vous votez cela, en vérité, nous aurons le droit de vous dire, néophytes de la République, dont l'amour pour elle est bien jeune : Vous n'osez pas prononcer le pendant au mot fameux, mal à propos attribué au général de La Fayette, — car il ne le dit jamais, — au général La Fayette présentant le roi Louis-Philippe du balcon de l'Hôtel-de-Ville au peuple : « Voilà la meilleure des Républiques ! »

Vous n'osez pas dire à vos amis, en leur présentant la République de votre façon : Voilà la meilleure des monarchies ! Vous n'osez pas le dire ; mais voyons, franchement, ne le pensez-vous pas, et n'est-ce pas pour cela que vous n'en voulez pas faire d'autre ?

Eh bien, c'est parce que je crois que ceux — s'il en est — qui pensent ainsi en leur âme, ont, à leur point de vue, raison de procéder comme ils le font, que je ne veux pas achever de constituer cette République qui serait bien, en effet, la meilleure des monarchies.

Une voix à droite. Oh ! non ! (On rit.)

M. Madier de Montjau. Je m'explique. Dieu me garde de chercher à froisser ceux qui sont à cette heure, et depuis longtemps déjà, atteints dans leurs affections politiques les plus chères, et que j'ai applaudis malgré mon aversion pour ce qui leur est sympathique, quand ils exprimaient très-noblement leurs regrets à cette tribune de la chute définitive de la royauté ; mais je dois cependant dire que la monarchie, je ne la crains pas et je dis : Non-seulement cherchant à arriver ; mais fût-elle arrivée. Savez-vous pourquoi ? Parce que j'ai assez étudié l'histoire de mon pays depuis un siècle, parce que je sais assez, si peu que je sache, de philosophie politique, pour être certain qu'en admettant qu'après de longs voyages, mêlés de beaucoup de circuits, que vous avez fait faire à votre royauté pendant trois ans pour arriver à la produire ici, elle fût arrivée et se fût établie, elle aurait été forcée bientôt de partir, comme quatre fois déjà, si je compte bien, sont parties, depuis le commencement de ce siècle, ses devancières ou ses émules.

La royauté, si je dois la subir, je la veux palpable, visible, tangible, portant son vrai nom, parce que mon pays alors saura, comme moi, ce qu'il a devant lui, et il pourra, par ses actes, dire si elle est l'objet de son amour ou de sa haine aujourd'hui, comme elle l'est incontestablement depuis un siècle. Mais, si elle entre déguisée par la poterne (Rires à droite,) si, sous apparence du suffrage universel, avec l'aide peut-être de quelque stathoudérat modeste, se faisant sympathique, cherchant la popularité, elle arrive et s'assied sur cette forte base du suffrage universel apparent et du nom de République, je m'alarme, je crains ; car, en ce cas, je vois bien le danger, mais je ne vois plus aussi bien le remède. Et je dis à tous ceux qui forment les mêmes vœux politiques que moi, qui ont les mêmes aspirations, pour lesquels une République n'est pas suffisamment recommandée, comme auprès de l'honorable rapporteur de la commission, par cela seul qu'elle s'assimile des institutions *qui ont donné pendant vingt-cinq ou rente ans de monarchie, assez de bonheur à la France pour qu'on puisse les regretter*... (Oui ! oui ! — C'est vrai ! à droite ;) je dis à ceux qui veulent la même chose que moi, qui sentent de la même manière que moi : Prenez garde ! le danger de faire un pas de plus dans la voie où nous sommes engagés est immense, et déjà la situation qui nous est faite est, depuis quelques mois, toute pleine de périls.

Pour le démontrer, permettez-moi, messieurs, de jeter un regard sur un passé récent. Je serai respectueux de vos décisions, et je tâcherai de n'être pas long, ce qui est nécessaire à l'heure où nous sommes, au point où nous sommes arrivés.

Voix à droite. Parlez ! parlez !

M. Madier de Montjau. L'origine de notre République, messieurs, est déjà singulière. Cette Assemblée, au moins pour une grande partie, niait son pouvoir constituant, et c'est cette Assemblée qui, en qualité de constituante, a fait la République ! J'avoue que j'aimerais mieux pour la République une autre maternité. (Rires sur quelques bancs à droite.)

Mais ce n'est pas tout, et il y a quelque chose de tout particulièrement remarquable non-seulement dans sa provenance, mais dans la manière dont elle s'est faite et dont elle s'achève.

D'ordinaire, lorsqu'après avoir fait une longue expérience d'un état légal et social qui ne suffit plus à ses besoins, ou lorsque, au sortir d'une grande crise révolutionnaire, un peuple veut donner au nouvel état social dans lequel il entre sa base, ce qu'on appelle une « constitution, » comment procède-t-il ? Il se recueille longuement ; il ne décide pas du soir au lendemain qu'il va se faire une constitution dont il ne voulait pas la veille. Puis, il prépare, — et j'appelle toute votre attention sur ce point, — il prépare, ou ses mandataires préparent pour lui, tout un vaste ensemble législatif qui contient, en quelque sorte, les jalons hors desquels on ne pourra pas s'écarter, qui marquent sûrement la direction, l'esprit des lois futures, lois organiques, lois de détail, si bien contenues d'avance en germe dans la constitution, qu'on peut les deviner et qu'elles doivent fatalement être selon la loi générale.

Est-ce ainsi que nous avons procédé ? Non, assurément ! Nous avons débuté, nous avons continué, sans vue d'ensemble, sans savoir au juste de quel point nous partions, par quels chemins nous voulions passer, à quel point précis nous voulions arriver, par quels principes — comme la déclaration des droits de l'homme, ou le préambule de la Constitution de 1848 par exemple, — nous entendions nous guider, irrévocablement résolus d'avance à ne jamais les déserter, à faire fléchir devant eux tout calcul, à leur soumettre toutes les lois que nous pourrions faire.

En janvier, on nous fait la République, la République avec un Sénat et un Président! Mais que sera ce Sénat? que sera ce Président? Nous l'ignorons, et nous votons la République avec un Sénat et un Président! Voilà le Sénat et le Président acquis à ceux qui les voulaient.

En février, on nous apprend ce que sera le Sénat et ce que sera le Président. Nous le savons bien tous aujourd'hui, messieurs, et mon honorable ami, tout à l'heure, le rappelait en termes assez complets, assez expressifs, pour que je n'aie pas besoin de faire de nouveau cette revue.

Ce Sénat et ce Président, tels quels, si nous les avions bien connus d'avance en janvier, nous n'aurions pas alors voté pour leur création. (Rires sur divers bancs à droite.)

Et quand nous tenons ce Sénat et ce Président de février, quand nous sommes assurés des sept ans de durée du Président, de sa rééligibilité, de l'élection du Sénat par toute autre chose, certes, que par le suffrage universel, absolument en dehors du suffrage universel, du Sénat avec une minorité considérable, inamovible et viagère, voici que, en juin, à l'époque du renouveau... (On rit), on nous apporte la loi sur les rapports des pouvoirs publics, et on nous dit : Vous avez déjà fait ceci, ceci a pour conséquence cela ; prenez et votez cela ; à quoi bon regimber? ce qui est fait est fait, et vous ne pouvez plus le détruire ; soyez de bonne composition jusqu'au bout.

Point ! ceci est fait, ceci est la République ; nous la gardons. Cela, la loi des rapports des pouvoirs publics, n'est pas encore fait, cela est à faire ; nous ne le ferons pas, pour ne pas perdre le peu que nous avons, pour ne pas ajouter à ceci, qui est mauvais, cela qui nous alarme profondément. (Applaudissements et rires sur divers bancs à droite.)

Et nous le ferons d'autant moins, messieurs les ministres, que la loi de juin n'est pas votre dernier mot. Vous avez encore au fond de votre portefeuille d'autres lois à nous faire voter, n'est-ce pas ? La loi électorale, d'abord, qui viendra compléter notre sort, et pour laquelle, — s'il faut en croire des indiscrétions sur lesquelles je ne me permettrai pas d'interroger à cette heure M. le vice-président du conseil, — sur laquelle M. le ministre émet des opinions qui ne sont rien moins que semblables aux nôtres ; puis la loi sur la presse, sur laquelle M. de Gavardie, qui méritait peut-être avant-hier, à la tribune, un meilleur sort... (Rires sur un grand nombre de bancs), sur laquelle, dis-je, M. de Gavardie demandait, non sans raison, à être quelque peu édifié, avant de voter une Constitution qu'il ne savait pas encore si l'on pourrait ou non discuter plus tard. C'est la loi sur la presse qu'assurément on doit présumer merveilleuse si, à la réputation éminente du père qui la couve... (Longue et vive hilarité à laquelle prend part M. le garde des sceaux), on ajoute le calcul du temps qu'il met à la faire éclore. (Nouvelle hilarité.)

Si vous voulez que nous discutions seulement la loi que vous nous présentez, laissez-moi vous répéter ce que l'honorable M. Louis Blanc nous disait tout à l'heure en d'autres termes : Montrez-nous tout de suite le fond de votre sac.(Rumeurs.) Vous ne nous avez encore fait voir que deux ou trois de vos lois. Exhibez-nous, s'il vous plaît, tout de suite toutes celles que vous nous tenez encore en réserve.

Montrez-nous patte blanche, ou je n'ouvrirai point.

Et pourquoi ouvririons-nous la porte à de nouvelles institutions royalistes, la poterne à la monarchie déguisée sous le costume républicain? Pour arriver à la dissolution comme nous devions arriver, par la loi du 25 février, à la disparition de tous les agents bonapartistes, à un ministère franchement ennemi de ce gouvernement qui a perdu la fortune, le sang, une partie du territoire de la France, et qui a failli perdre son honneur?...

Mais avons-nous ce qu'on nous avait promis? Non : tous les préfets du 24 mai, c'est-à-dire ceux du gouvernement de Décembre, sont encore en place; tous les maires y sont aussi. Tout ce que vous nous avez donné pour prix des lois de février : c'est la négation de la République, c'est ce manifeste ministériel apporté à la tribune par M. le vice-président du conseil au lendemain du jour où notre majorité vous donnait le portefeuille, qui était presque un outrage pour cette majorité!

Voilà notre récompense. Elle ne me rend pas désireux de courir après cette autre, la dissolution. (Exclamations sur divers bancs.)

La dissolution, oh! je sais à quel point elle est désirée, et je n'ai pas perdu de vue que les électeurs qui m'ont fait l'insigne honneur de m'envoyer parmi vous m'ont choisi précisément pour la demander, pour la poursuivre avec toute mon énergie. Je leur ai prêté serment de la réclamer aussi souvent qu'il me serait possible, de pousser de toutes mes forces à notre séparation; mais non à la condition *sine qua non* de sacrifier pour l'obtenir tous les principes qu'ils m'ont recommandé aussi de défendre résolûment ; non à la condition de compromettre pour jamais leurs destinées en vue d'une simple éventualité.

Car enfin, est-il sérieux de dire que la dissolution est proche parce que, en nous retranchant les élections partielles, vous n'avez pas voulu prendre l'engagement de nous la donner ? Est-ce que je puis être rassuré par la « date morale » de l'honorable M. Clapier ? (Rires sur divers bancs.) Est-ce que cette date ne fuit pas devant moi ? Est-ce que la dissolution, jusqu'ici, ne fuit pas comme notre ombre, qui fuit d'autant plus vite devant nous, que nous courons plus ardemment après elle. (Nouveaux rires.) Et pour cette dissolution vaporeuse, fugace, qui viendra Dieu sait quand, sur laquelle je ne sais quand vous me laisserez mettre la main, je vous donnerais toutes les lois que vous nous demandez !... c'est-à-dire je vous livrerais la République !...

Mais enfin j'admets que, pour prix de nos complaisances, pour cet amour des concessions qui ne nous vaut jusqu'ici qu'une chose, considérable sans doute, mais insuffisante, à mon gré : l'approbation de l'honorable M. Laboulaye et l'invitation qu'il vous adresse d'être de plus en plus d'héroïques Décius !...

Quelques membres. Comment ! Que voulez-vous dire ?

M. Madier de Montjau. Oui, de nous abandonner encore davantage, de le suivre plus avant dans l'abîme des concessions, puisque nous avons commencé à nous y jeter.

J'admets, dis-je, que nous obtenions plus, qu'on nous donne enfin, grâce faisant, la dissolution. Eh bien, après le vote de la loi qu'on nous propose, je n'en attendrai pas plus les effets que j'en attends aujourd'hui encore avant d'avoir voté.

En effet, quand nous aurons attesté nos principes nouveaux devant ce peuple qui nous regarde, qui nous entend et qui nous juge, devant lequel nous sommes et nous serons tous, si haut placés que nous soyons, responsables, qui nous répond que ce peuple, en voyant ses amis faire cette république étrange, ne la prendra pas au sérieux ?

Et alors, en vertu de quel principe lui conseillerons-nous de voter ? Qui lui dirons-nous de choisir ? Ne risquons-nous pas précisément, au moment où la dissolution ouvrira les urnes au scrutin sur tous les points de la France, que le scrutin nous échappera, parce que nous aurons voté une loi qui sera la négation de tout principe et l'établissement d'une monarchie ?

En supposant que je me trompe ; en supposant,

messieurs, que, la dissolution venue, les élections nous fussent favorables, que nous donneront ces élections ? Une seule Assemblée, bonne pour nous, c'est entendu, mais qui certainement, — et je le souhaite, — contiendra une minorité qui ne pensera pas comme nous, et cette Assemblée aura en face d'elle le Sénat, c'est-à-dire l'inconnu, et ce président, dont Dieu me garde d'attaquer la personne, les actes, les sentiments, mais auquel vous auriez eu le tort — selon moi, j'emploie là un mot modéré — d'offrir et de donner, si vous réussissiez, un pouvoir immodéré, tentation redoutable pour les plus hautes âmes.

En face de toutes ces forces réunies, maîtres même de l'Assemblée, serons-nous, serez-vous, mes amis, les maîtres du pays ? (Mouvements sur divers bancs.) L'Assemblée sera à vous : le pays sera-t-il à vous, quand, d'abord, on pourra vous dissoudre, —c'est chose faite, — ensuite vous ajourner, vous proroger ? Alors, sans prestige, sans force, sans moyens de résistance, au cas d'un mauvais coup, d'un guet-apens infâme, d'une abomination comme le crime de décembre, vous serez réduits à vous renfermer dans vos regrets, à pleurer sur vos fautes. La dissolution ne vous aura pas donné ce qui vous était nécessaire pour vous défendre, car vous l'aurez sacrifiée avant qu'elle fût faite. (Mouvements divers.)

Pour finir, laissez-moi dire que, en vérité, ma surprise est grande de trouver tous ces tempéraments à la République, à la souveraineté du peuple, à sa liberté, à sa grandeur, recommandés, honorés, presque glorifiés dans la dernière page du rapport que vous avez tous lu.

Messieurs, je relisais, moi, hier soir, d'autres pages dans lesquelles, avec une aimable mais poignante ironie, un écrivain qui est quelque peu, je crois, le frère siamois de notre honorable rapporteur (Rires)... se moquait de la peur que l'on a toujours en France, de cette liberté qui, en Amérique,tourne toutes les têtes sans être dangereuse, de cet amour de la centralisation, de ce respect des pouvoirs forts, qui font que nous passons perpétuellement, en France, de la tyrannie à la révolution.

Que cela était bien dit ! que cela était lestement et agréablement tourné ! (Sourires.) Comme c'était vrai, et comme, après être allé à la raison et au cœur, cela charmait l'esprit par l'admirable forme dans laquelle la pensée était enveloppée !

Est-ce que tout cela est prescrit ? Est-ce qu'il nous faut revenir à la centralisation ? Est-ce qu'il nous faut des pouvoirs forts quand même ? Est-ce que nous ne pouvons avoir la liberté de ladissolution qu'à ce prix, comme nous ne pourrons avoir alevée de l'état de siége qu'au prix de l'acceptation du projet de loi sur la presse que doit nous présenter M. le garde des sceaux ? (Mouvements divers.)

Vous me faites un signe qui veut dire oui, monsieur le garde des sceaux. Eh bien, nous nous retrouverons, ce jour-là, sur ce terrain nouveau.

Non ! je ne le pense pas, et c'est, à mon gré, faire une insulte gratuite à cette généreuse, à cette grande et glorieuse nation française, dont nous faisons tous partie, que nous aimons tous, dont nous voulons tous le bonheur, à quelque parti que nous appartenions...

M. Hervé de Saisy. Très-bien !

M. Madier de Montjau... de dire qu'après ses épreuves douloureuses, après ses expériences cruelles, elle ne mérite pas ce régime de liberté que vous vantiez autrefois, monsieur le rapporteur : de dire qu'il faut, au sortir de l'Empire, la soumettre au régime des naufragés de la *Méduse*, à qui il ne fallait pas, du soir au lendemain, donner à manger au gré de leur faim, pour qu'ils ne mourussent pas d'indigestion. (Exclamations diverses. — Très-bien sur quelques bancs à gauche et à droite.)

FIN.

TABLE DES MATIÈRES

FIN DE LA TABLE

Imprimerie de DESTENAY, à Saint-Amand. (Cher).

www.ingramcontent.com/pod-product-compliance
Ingram Content Group UK Ltd.
Pitfield, Milton Keynes, MK11 3LW, UK
UKHW012013240726
13965UKWH00002B/343